Rüdiger Opelt

Blut-Religion

Die Sünden des Katholizismus

Salzburg 2020

Xxxx vZ = Jahr vor unserer Zeitrechnung

Xxxx nZ = Jahr nach unserer Zeitrechnung

Die Menschheit besteht aus Frauen und Männern und einer breiten Varietät dazwischen. Die männlichen und weiblichen Sprachformen werden alternierend gebraucht, gemeint sind immer alle drei Geschlechter (m, f, x)

Gewidmet

den Millionen Opfern kirchlichen Hochmuts

Impressum:
Dr. Rüdiger Opelt, Georg-Rendl-Weg 46, 5111 Bürmoos ,
DI Michael Opelt, SAW-edition, Hauptstr. 5, 4861 Schörfling

Saw Partners **sawedition@gmail.com**
www.opelt.com r@opelt.com,
m.opelt@eduhi.at

SAW Partner is an association to support the SAW goals

KDP-ISBN: 9781658574952

Satz: Michael Opelt /Schörfling/**Saw** partner
Lektorat: Maximilian Rennmayr/Linz/ **Saw** partner
Cover: Monika & Ian Steiner/Lambach/ **Saw** partner

Rückseite, **„YOU ARE HERE“**, heutiger Wissensstand, 10^{11} Sonnen je Galaxie und 10^{11} bekannte Galaxien in diesem Universum ergeben bei einer Besuchszeit je Sonne von nur 1 Sekunde ....
...........bei einer Menschen-Lebensdauer von 100 Jahren ....
317 Trillionen Lebensspannen
Ein Schelm, der sagt, wir sind die Einzigen.

Book by S.A.W. Edition; **sawedition@gmail.com**

Dieses Buch ist erhältlich beim Autor

www.opelt.com, r@opelt.com und bei www.amazon.de

Salzburg 2020

Inhaltsverzeichnis

II. **Die Sünden**

Blut-Religion

Es ist die Religion des Blutes. Es geht ihr um Blut in vielen Formen: Das Blut Christi, das der Priester trinkt. Das Blut der Märtyrer, das vergossen wurde. Das Blut der Millionen Opfer kirchlichen Hochmuts, das fließen musste, wenn nicht nachgebetet wurde, was die Bischöfe wollten. Das Blut, das die Inquisitoren auf den Scheiterhaufen aller Epochen verdampfen ließen, sodass die Luft geschwängert war vom Geruch verbrannten Fleisches.

Alle Rituale der Katholischen Religion sind durchsetzt mit zutiefst heidnischen Ritualen, das fällt nur niemand mehr auf, weil es uns seit 60 Generationen als einzige Wahrheit eingebläut wird. Wir müssen das Fleisch Christi essen, um erlöst zu werden, das würden alle Kannibalen Neuguineas sofort verstehen. Die Zeugung des Fleisches aus dem Vater, das gefällt allen Patriarchen seit jeher. Der Körper der Frau als dienende Hülle ohne Bedeutung, wie schön für den männlichen Hochmut. Die Verehrung uralter Knochen, aus Gräbern geklaut, das ist wahre Magie, warum waren Missionare über die Knochenamulette der Schamanen entsetzt? Warum verstanden sie nicht, dass die Azteken dem durstigen Gott ihr Herz schenkten, wo auf jedem Jesusbild dessen Herz aus dem Leib hüpft? Was all diese Rituale mit den Worten Jesu zu tun haben sollen, würde dieser am Allerwenigsten verstehen. Es ist ein Gemeinplatz, dass Jesus die Pharisäer aus den Bischofstempeln jagen würde, käme er noch einmal auf die Welt. Das tut er wohlweislich nicht, er wendet sich ab mit Grauen darüber, wie sehr seine Worte ins Gegenteil verkehrt worden sind.

Dies ist keine Kritik an spirituellen Menschen, deren es unter Christen sehr viele gibt. Wer immer nach den Worten Jesu leben will, möge dies tun. Dazu braucht er weder eine dicke Bibel noch neunmalkluge Priester, sondern nur die wirklichen Worte Jesu, von denen sehr wenige überliefert sind. Sie beginnen alle mit

„Wahrlich ich sage euch…“ und sind leicht zu erkennen, weil sie sich vom Rest der Bibel so über alle Maßen unterscheiden. Sie wurden nach Jesu Tod aufgeschrieben und in einer kleinen Urschrift unter seinen Anhängern verbreitet. In dieser sogenannten Logienquelle Q finden sich weder Passions- noch Auferstehungsberichte (auch im Thomasevangelium nicht), Jesus wird darin als „Menschensohn“ bezeichnet. 40 bis 60 Jahre später wurde diese Zitatsammlung von Leuten, die ihn weder gekannt noch je gesehen haben, zu einem Legendenroman aufgebläht und dieser zum Fundament der katholischen Kirche erklärt. Entscheiden sie selbst, wem Sie mehr glauben, den Worten Jesu oder seinen angeblichen Nachfolgern, deren berühmtester ein fanatischer Christenverfolger war. Jesus echte Worte werden bis heute zitiert, denn ihre Weisheit bedarf keiner Erklärung. Jesus war ein Weisheitslehrer, der von der Seele und vom Himmelreich erzählte. Er wollte weder eine Kirche gründen noch zum Gott erklärt werden und schon gar nicht ein Reich auf dieser Welt errichten. Da den Päpsten aber effizient das gelungen ist, was Jesus NICHT wollte, wäre hier eigentlich die Diskussion zu Ende.

Trotz aller Säkularisierung durch Aufklärung und Gesellschaftswissenschaften ist die Diskussion über die Kirche immer noch nicht zu Ende, weil der Katholizismus in 2000 Jahren eine unheimliche Macht aufgebaut hat, von der er nicht lassen kann. Reichtum und Macht des Vatikans wurden durch einen spirituellen Vernichtungsfeldzug rund um den Globus etabliert, dem 3 große Zivilisationen und der Weisheitsschatz tausender Naturvölker zum Opfer fielen. Aus historischer Sicht mehrt die Kirche die Spiritualität nicht, sondern vernichtet sie weltweit in einem desaströsen Ausmaß, was viel mit dem Zustand unseres Planeten zu tun hat.

Dagegen gilt es vorzugehen, gerade wenn man dem Wachstum der Seele und der Spiritualität verpflichtet ist.

I. Der Sündenfall

Irdische Macht und Spiritualität

Eines der globalen Probleme, das sich selbst als Lösung anpreist, ist die Macht der Religionen. Wo immer Religionen Macht haben, produzieren sie Krieg, Unterdrückung, Abwertung, Folter, Vertreibung und Ausgrenzung.

In der Geschichte des Christentums ist dies bis ins letzte Detail dokumentiert. Abschlachten, Foltern und Verbrennen von Ketzern, Hexen und Andersgläubigen durchziehen die letzten 2000 Jahren wie ein roter, blutiger Faden. Nicht anders im Islam. Ohne den Heiligen Krieg gäbe es diese Religion nicht, bereits ihr Gründer rief die arabischen Stämme dazu auf, den Islam durch Eroberung zu verbreiten.

Seit Jahrzehnten feiert religiöse Macht sich selbst, als habe es nie etwas anderes gegeben. Die Liste der theokratischen Staaten ist lang: Iran, Saudi-Arabien, Burma, Indien, Pakistan, Russland, die USA unter Republikanischen Präsidenten, der Vatikan, Exil-Tibet, Türkei. Es scheint, als hätte es nie eine Aufklärung gegeben und als wäre die Macht der Religionsführer das Normalste auf der Welt.

Religion leitet nicht zu edlem Handeln an, im Gegenteil, sie hintertreibt das moralische Empfinden der Menschen, das vom Handeln der mächtigen Kirchenführer verwirrt wird. Der dadurch hervorgerufene Zwiespalt macht die Herzen der Menschen krank. Ein Ministrant, dem man die Todsünde der Unkeuschheit eintrichtert und den man gleichzeitig am Geschlecht „massiert", verliert jeden Glauben an sein eigenes spirituelles Empfinden, wird krank, oft sogar verrückt.

Religion verbindet nicht, sie spaltet. Sie leitet nicht zur Spiritualität an, denn die erfordert selbständiges Denken und Fühlen, Kirche aber will und fordert Gehorsam. Jede Großreligion stellt einen universellen Machtanspruch und lehnt damit den Rest von Gottes Schöpfung ab. „Nur wir haben Recht, die anderen sind Ungläubige, denen man ihren Unglauben mit Gewalt austreiben muss". Selbst die alten Religionen Buddhismus und Hinduismus sind dem Kriegsteufel verfallen. In Myanmar und Sri Lanka vertreiben Buddhisten die Andersgläubigen, in Indien tun das die Hindus. China hält den Konfuzianismus hoch, weil er die Macht der Kommunisten festigen soll, in Russland macht Putin dasselbe mit der Orthodoxie.

Naturvölkern ist solches Denken fremd. Wie sollte man einem anderen Stamm seine Geister verbieten, wo doch jedes Land seine eigenen Geister hat? Wie sollte man jemand untersagen, mit seinen Ahnen, den Tier-, Fels-, Quell- und Windgeistern zu sprechen, die doch überall sind? Wo doch „Alles was ist" heilig ist und zusammengehört?

Geister, die Macht haben und Macht ausüben, sind Dämonen. Mit denen ist nicht zu spaßen, aber man kann sie besänftigen, indem man mit ihnen kommuniziert. Man kann sich Dämonen verschreiben, das aber ist eine gefährliche Sache, die die Seele zerstören kann. Seit Urzeiten reden Schamanen mit den Geistern und halten dadurch die geistige Welt im Gleichgewicht.

Religionen gibt es erst seit 5000 Jahren. Sie entstanden in großen Staaten, um den Herrschaftsanspruch der Mächtigen zu stützen. Die Priester beanspruchten die geistige und ideologische Vorherrschaft, um selbständiges Denken zu unterbinden und die Ausgebeuteten ruhigzustellen. Dazu wurden „Heilige Schriften" als von Gott diktiert ausgegeben, als universelle, ewige Wahrheit, die für alle Welt gilt. Alle Schriften Gottes sind aber Menschenwerk, ihre Entstehung ist historisch gesehen mit Schwindel, Legenden und Lügen verknüpft. Wenn eine Religion an die Macht kam, lag der Ursprung der heiligen Bücher mindestens 100 bis 300 Jahre zurück, war nicht mehr nachvollziehbar oder überprüfbar. Dies hat die europäische Aufklärung bereits vor 200 Jahren mit wissenschaftlichen Methoden aufgedeckt.

Wohl gab und gibt es spirituelle Führer, weise Menschen, die in höhere Welten schauen können. Die erkennt man daran, dass sie jede Macht ablehnen und zur Abkehr von den Dämonen Macht und Geld aufrufen. Geistige Führer und Schamanen lehnen oft sogar jede Bezahlung für Heilungen ab. Gute Taten dürfen nicht des Geldes wegen getan werden, das ist ihre oberste Regel.

Wenn die Welt nicht untergehen soll, braucht sie eine Rückkehr zur Spiritualität, die im Herzen der Menschen wohnt und die Liebe zu allen Lebewesen lebt. Das einzige, was Kirchen tun könnten, um ihren Geist zu retten, ist, all ihren materiellen Besitz hinzugeben für die Rettung der Erde. Das kann man sich im Film „In den Schuhen des Fischers“ anschauen, der nie einen Kirchenführer zum Handeln motivierte und leider längst vergessen ist.

Macht muss durch Spiritualität begrenzt werden

Macht und Geist sind entgegengesetzte Pole. Für weltliches Handeln bracht es Macht im Sinne von Wirksamkeit und Handeln. Handeln ist aber nur positiv wirksam, wenn es mit Sinn und Geist vernetzt ist und dem Ganzen dient. Dann erfüllt es uns mit Freude und wir haben keine Fragen nach der Sinnhaftigkeit, da wir den Sinn ja spüren.

Handeln und Geist stehen in einem ständigen Dialog. Entweder haben wir eine gute Idee und handeln danach, oder wir handeln spontan und reflektieren dann, wie unser Handeln in die Ganzheit des Erlebens einzuordnen ist. Wenn dieser Dialog zwischen Tun und Geist zerbricht, wird das Tun destruktiv und verkommt zu Macht um der Macht willen. Dies kennzeichnet den

Neoliberalismus, der sich nur um Gewinn schert und sich weigert, an die Folgen solch machtvollen Handelns zu denken. Wenn die Brasilianer den Regenwald niederbrennen, steigt zwar der Gewinn der Holzkonzerne, aber um den Preis, dass Indianerstämme ihr Land verlieren, Artenvielfalt und Klima zerstört werden. Dies ist sinnloses und geistloses Handeln. Das ist für jeden vernünftigen Menschen evident und braucht keine komplizierten Theorien, um begründet zu werden.

Die Indianer leben in und von diesem Wald seit 10.000 Jahren. Ihre Spiritualität sagt ihnen, dass die Bäume heilig sind und daher nur im Notfall und in kleinstem Umfang gefällt werden dürfen. Natürlich könnten sie auch viele Bäume fällen, aber ihre Spiritualität von Mutter Erde und Bruder Baum hält sie davon ab. Sie wissen, dass das Land, die Bäume, die Tiere und die Menschen alle eins sind und zusammengehören. So hält sich die Macht über die Bäume mit der Spiritualität des Dschungels in der Waage, das funktioniert seit 10.000 Jahren.

Umgekehrt ist Spiritualität ohne Handeln saft- und kraftlos. Spiritualität sagt jedem Menschen, welche Aufgaben im Leben er zu erfüllen hat. Dies zu verweigern und sich in asketische Welten zurückzuziehen, bringt die Seele nur scheinbar weiter. Die Seele kann zwar bis in den 7. Himmel meditieren, Glück entsteht aber erst, wenn man seine Erkenntnisse in die physische Welt einbringt. Sogar Benediktinermönche handeln, indem sie arbeiten und dabei den Geist des Gebetes in die Welt bringen. Leiden und Fehler dieser Welt sind Appelle an den Geist, tätig zu werden und das Richtige zu tun. Sonst müsste sich die Seele ja gar nicht auf der Erde inkarnieren.

Reine Geistigkeit macht kraft- und wirkungslos, reine Macht ist sinnlos. Der schlimmste Zustand ist jedoch die Verschmelzung von Macht und Geist. Wenn sinnlose Macht versucht, den Geist zu beherrschen, werden machtbesessene Gedanken zu geistigen Atombomben, die nur verbrannte Erde hinterlassen. Dies ist leider in der Geschichte der Kirchen und Ideologien sehr häufig geschehen und geschieht bis zum heutigen Tag.

Wann immer einer sagt, er wisse besser als du über deinen Geist Bescheid, ist Machtmissbrauch im Spiel. Solche Priester bringen dir nur bei, deinem Geist nicht mehr zu vertrauen und Dinge zu tun, die dir nicht entsprechen. Da kann nichts Gutes dabei herauskommen. Wenn dieselben Mächtigen Macht sowohl über den Geist als auch über die Materie einfordern, entsteht physische Zerstörung und wird der Geist der Menschen korrumpiert.

Die Worte Jesu

Jesus handelte und sprach im obengenannten Sinn. Er leitete seine Jünger an, der weltlichen Macht zu entsagen (Mein Reich ist nicht von dieser Welt). Er lehnte es ab, sich einem Aufstand gegen die Römer anzuschließen oder dazu aufzurufen (Gebt dem Kaiser, was des Kaisers ist). Er lehrte, das Seelenheil über alle irdischen Güter zu stellen (Eher geht ein Kamel durch ein Nadelöhr.....). Er griff die Macht der Pharisäer frontal an (Ihr seid wie die Gräber) und verachtete die Vermischung von Gewinnstreben und Spiritualität (Vertreibung der Zöllner aus dem Tempel). Er lehrte völligen Gewaltverzicht (....dann halte auch die andere Wange hin).

Er hielt den Wert der Frauen hoch (Salbung durch Maria Magdalena), er urteilte nicht (der werfe den ersten Stein), rief zum sozialen Ausgleich auf (Brotvermehrung), er half und heilte (nimm dein Bett und geh). Er predigte Nächsten- und Feindesliebe, lehnte es ab, ein mächtiger Führer zu werden (deswegen verließ er seine Jünger nach der Auferstehung).

Kein Wunder, dass die Jünger fasziniert waren von diesem Rabbi, der Liebe, Versöhnung und Spiritualität predigte wie noch kein Prophet vor ihm. Überall im Römischen Reich entstanden Gemeinden, welche die Unterdrückten und Sozial Schwachen anzogen, weil als Christen alle gleich und gleichberechtigt waren. Zumindest am Anfang.

Man kann nicht Gott und dem Mammon dienen

Die wenigen Sätze in der Bibel, die wirklich von Jesus stammen, zeugen von der geistigen Kraft, die dieser spirituelle Meister hatte. Wer seine Worte ernst nimmt, muss sich aber dem verweigern, was seine Nachfolger daraus gemacht haben.

Wer Spiritualität und Macht nicht auseinanderhalten kann, lebt kein gottgefälliges Leben. Daher ist das Wort "Religionsführer" ein Widerspruch in sich. Papst und Kurie sehen da kein Problem. Der Vatikan hat ein Vermögen von 270 Mrd.€, er muss ja seine Kunstschätze erhalten. Da würde sich übrigens die Provenienz-Forschung dringend empfehlen, nachdem wir mit dem Nazi-Kunstraub langsam durch sind.

Spiritualität erleuchtet und macht Menschen glücklich. Sie entsteht durch die Schau der eigenen Seele, durch Meditation und Introspektion. Spirituelle Menschen erkennt man daran, dass es einem in ihrem Beisein besser geht. Sie sind Vorbilder, deren Energie die Menschen um sie herum erhöht. Als Katholik habe ich bis zu meinem Austritt durchaus vernünftige Priester getroffen, die es gut meinten und glaubten was sie predigten. Das waren aber wenige Ausnahmen, die meisten waren borniert, engstirnig und kleingeistig. Ihre Hauptwirkung war, dass es einem nach ihrer Predigt schlechter ging statt besser. Wer selbstbewusst und glücklich in die Kirche hineinging, kam als schuldbeladener Sünder wieder heraus. Nach dem katholischen Beichtunterricht mit 8 Jahren war ich ein Jahr lang ängstlich und depressiv, weil ich die Schreckensbilder von Hölle und Todsünde nicht mehr aus dem Kopf bekam. Spirituelle Weisheit habe ich nur außerhalb der

Kirche gefunden, bei Philosophen, Yoga-Lehrern und Meditationsmeistern. Immer noch traue ich keinem Guru über den Weg, dazu sitzt mein durch Religionsunterricht verursachtes Misstrauen noch viel zu tief.

Was des Kaisers ist

300 Jahre waren die Christen der Gegenpol zur kaiserlichen Macht. Darin waren sie radikaler als jede andere antike Glaubensgemeinschaft. Sie lehnten es ab, den Kaiser als Gott anzuerkennen und ihm ein Opfer zu bringen. Das Kaiseropfer sahen die Römer als Anerkennung der staatlichen Autorität an, ansonsten durfte jeder glauben was er wollte. Die Christen betrachteten diese Opfer als Gotteslästerung, obwohl ihr Meister sie angehalten hatte, dem Kaiser zu geben, was des Kaisers ist, also seine weltliche Macht zu respektieren. Zu Christenverfolgungen kam es unter Nero, Decius und Diocletian, weil die römischen Autoritäten diese Verweigerung als Aufrührertum auffassten. In Summe wurden die Christen nicht mehr verfolgt als andere Bevölkerungsgruppen, denn das Gewaltregime der Römer konnte sich nur mit Kreuzigungen und Verschleppungen auf Dauer halten.

313 nZ war das Christentum nur eine Religion unter vielen, maximal 20% der Reichsbevölkerung waren Christen. Konstantin der Große war von der straffen Bischofsorganisation angetan (Bischof, griechisch episkopos bedeutet „Aufseher“) und gedachte, diese hierarchische Organisation für seine Machtergreifung einzusetzen. Alle vier Tetrarchen dieser Zeit waren Anhänger des Sol Invictus, des römischen Staatsgottes, durch die Einbindung der Christen als seine Vorfeldorganisation versprach sich Konstantin einen Vorteil im Kampf um die Macht.

Damals war der 25. Dezember der Geburtstag des Sol Invictus, des unbesiegbaren Herrschers der Welt, Siegers in allen Schlachten. Im 4. Jhdt. nZ wurde Jesus zum Imperator Mundi, zum Herrscher der

Welt umgedeutet, weil dies Kaiser Konstantin in seinen Plan passte, alle seine Konkurrenten um den Kaiserthron zu beseitigen. Die Bischöfe sprangen schnell auf den Zug auf, denn es winkten Geld und Macht im römischen Reich, eine gar ersprießliche Beute, ein gar irdischer Preis. Das Himmelreich konnte warten und über den Geburtstag Jesu wusste man sowieso nichts Genaues. Die geistige Vorherrschaft über das Denken der Menschen, die Herrschaft des Papstes über ganz Europa, die Inquisition – das hatte Potential und hat sich auch erfüllt.

Die heimliche Mithrasreligion

Da die Kirche seit 2000 Jahren behauptet, im Besitz der einzigen Wahrheit zu sein und Millionen Menschen für diesen Hochmut sterben mussten, ist Wahrheit nicht ganz unwesentlich: Zum Beispiel die Tatsache, dass die Wahrheit der Kirche großteils nicht von Jesus stammt:

Um 300 nZ waren das Christentum und die Mithrasreligion die zwei stärksten Sekten im Römischen Reich. Das Christentum war die Religion der Unterschicht, der Mithraskult die Religion der Soldaten. Da der römische Staat sich im 3. Jhdt. nZ im Niedergang befand, suchten die Kaiser nach einer religiösen Erneuerungsbewegung, die den Römern wieder Mut einhauchen könnte. 270 nZ entschied sich Kaiser Aurelian für den Mithraskult und machte ihn samt Anbetung des Sonnengottes Sol Invictus zur Staatsreligion.

Um die Wende des 4. Jahrhunderts war der Mithriacismus hoffähiger als das Christentum. Diokletian, Galerius und Licinius weihten dem Mithras als dem Schützer ihres Reiches viele Tempel, u.a. in Carnuntum an der Donau, in London und Paris; Maximian errichtete ein Mithräum in Aquileia. Im Machtkampf mit seinen

Rivalen, die allesamt Mithrasanhänger waren, setzte Kaiser Konstantin auf das Christentum, da es mit den Bischöfen die bestorganisierte Hierarchie hatte. Um seine Mitkaiser zu besiegen, tat Konstantin einen genialen Schachzug: Um sich die kaiserliche und die kirchliche Macht zu sichern, zwang er die Bischöfe zur Verschmelzung von Christentum und Mithraskult, verkaufte das Ergebnis als die bessere Mithrasreligion, Jesus wurde zu Sol Invictus und wurde vergöttlicht.

Die Mithrasreligion war eine hierarchisch gegliederte Gemeinschaft, deren Verzweigungen sich über das ganze römische Reich erstreckten. Ihr Oberhaupt trug den Namen Pater patrum, Priester führten den Titel Vater, die Gläubigen nannten sich Brüder, lange bevor die Christen denselben Terminus gebrauchten. Der Mithraskult kannte sieben Sakramente, ebenso viele spendet die katholische Kirche. Der Mithraskult besaß Taufe, Firmung und Kommunion, die aus Brot und Wasser oder einem Gemisch aus Wasser und Wein bestand. Man beging sie, wie im Christentum, zum Gedächtnis an eine letzte Mahlzeit des Meisters mit den Seinen.

Zwischen Mithraskult und Katholizismus entdecke ich mehr Gemeinsamkeiten als zwischen Katholizismus und der Botschaft Jesu, die mit dem Urchristentum untergegangen ist. Der Katholizismus war danach wenig christlich: Von den Bischöfen aufgestachelt verfolgten die Christen im 4. Jahrhundert die Mithras-Anhänger, plünderten die Mithräen und töteten deren Priester. Das Niederkämpfen dieses Glaubens gelang nur, weil die Christen ihre Kirchen über den zerstörten Mithräen bauten, wodurch nach antikem Denken der frühere Gott gelähmt oder gar vernichtet wurde. Jesus müsste sich im Grab umdrehen, hätte er es nicht gleich nach der Kreuzigung verlassen.

Wieso waren die Römer die Guten?

Das Neue Testament ist voller Widersprüche. Es braucht eine Menge theologischer Konstruktionen, um immer wieder am selben Ende anzugelangen: Man muss einfach glauben, auch das, was einem nicht glaubwürdig erscheint. Ich habe mich in einer katholischen Messe nie wohlgefühlt und wurde regelmäßig ermahnt, dass das Fernbleiben von der Sonntagsmesse eine Sünde sei.

Der Ursprung der christlichen Messe ist das letzte Abendmahl. Christus weiß, dass er sterben wird und opfert sich für diese Welt (Was ist mit den anderen Welten). Eines habe ich nie verstanden: Wie konnte innerhalb von 5 Tagen dasselbe jüdische Volk von Jerusalem Jesus als Messias bejubeln und dann genauso frenetisch seinen Tod als Verräter fordern?

Die Evangelien wurden geschrieben, nachdem die römische Besatzungsmacht im Jahre 70 nZ den jüdischen Aufstand blutig niedergeschlagen, den Tempel zerstört und die heiligen Tempelschätze im Triumphzug durch Rom geschleppt hatte. Kurz nach diesem größten Desaster des Judentums sind die Römer die Guten, die von den bösen Juden zum Mord am Messias angestiftet werden. Der arme Pontius Pilatus wäscht seine Hände in Unschuld, er möchte ja nicht morden, an der Kreuzigung des Herrn sind die blutrünstigen Juden schuld. Wie soll das gehen? Das Judentum liegt am Boden, ist ins Herz getroffen, und die neuen Propheten verdammen es in alle Ewigkeit? Was wollten die Evangelisten damit sagen?

Die Peiniger sind die Guten. Das kennt man vom Stockholm-Syndrom. Der Sieger hat immer Recht. Besser man stellt sich mit ihm gut, wenn man überleben will.

In der historischen Überlieferung war Pilatus ein grausamer Unterdrücker, der jeden sofort hinrichten ließ, der nur im Verdacht des Widerstands gegen die Staatsmacht stand. Jesus zu denunzieren, um ihn aus dem Weg zu schaffen, war ganz leicht, ein Gespräch mit Pilatus genügte vollkommen. Die Pharisäer brauchten keine Unsummen an Bestechungsgeldern für das Volk und 30 Silberlinge für Judas auszugeben. Das taten sie auch nicht und Pilatus führte bestimmt keine Volksbefragung durch. Wenn, dann nur als inszenierte Propaganda-Show.

Die neue Religion stellt sich mit der Staatsmacht gut und verrät das eigene Volk. Der Erfolg ist dementsprechend. Das Judenchristentum verschwindet (wen wundert´s), die Römer werden bekehrt. So wie die Pharisäer sich mit Pilatus bestens verstanden, so sind 300 Jahre später die Kirchenväter Athanasius und Ambrosius die besten Kumpel der Kaiser und helfen ihnen dabei, ihre Macht zu erhalten. Als dies schließlich nicht mehr klappt, weil die Germanen weder Kaisern noch Bischöfen zuhören, proklamieren sich die Päpste einfach selbst zu Kaisern. Was sie ja heute noch sind. Der Papst in Rom trägt alle Insignien und Titel der Caesaren. Er hat nicht nur eine, sondern gleich drei Kronen auf der Tiara, die Papst Pius VI. nur zu schwer wurde, um sie länger zu tragen.

Den Römern konnte man das alles auch nur verkaufen, weil sie keine Ahnung vom Judentum hatten. Das letzte Abendmahl war schlicht das Pessach-Mahl, das alle Juden bis heute feiern. Jesus war einer von unzähligen Propheten, die es im Judentum immer gab, die traten immer auf, dann, wenn die Juden unterdrückt wurden, also beinahe ständig. Die Juden waren auch nicht lange beeindruckt, denn die Christen verrieten deren wesentliche Errungenschaft: Die Juden hatten die Menschenopfer durch Tieropfer ersetzt, deswegen müssen zu Pessach unzählige kleine Lämmer sterben. Die Christen kehrten zum Menschenopfer zurück. Wer Christ war, musste bereit sein, sein Leben zu opfern. Beim Abendmahl essen die Juden ein Lamm und die Christen den Leib Christi. Gott Vater tötete bedenkenlos die ganze Menschheit in der Sintflut, im Christentum forderte er weitere Menschenopfer.

Um die Kurve von der brutalen Staatsmacht und vom rächenden Jehova zum liebenden Gott Vater zu kratzen, braucht es eine Menge Theologen, die immer komplizierter und unverständlicher erklären, warum das alles seine Richtigkeit hat.

Warum Weihnachten keinen Frieden bringt

Das Weihnachtsfest gilt als Fest der Liebe, was in der Praxis selten funktioniert. Für Psychologen ist die Zeit vor Weihnachten arbeitsreich, weil sich viele Erwachsene davor fürchten, mit Eltern und Verwandtschaft zu feiern. Weihnachten ist zwar das Fest der Liebe und des Friedens, in vielen Familien gibt es diesen Frieden aber nicht. Die Scheinheiligkeit, dass Leute, die sich das ganze Jahr über aus dem Weg gehen, einmal im Jahr so tun, als würden sie sich vertragen, explodiert nicht selten in Streit und Sarkasmus. Wer das einmal erlebt hat, hält von Weihnachten nicht mehr viel. Der moralische Druck, an diesen Tagen „nach Hause" zu kommen, also seine Ursprungsfamilie zu besuchen, bleibt. Die Sehnsucht nach Frieden bleibt ebenfalls, oft aber unerfüllt.

Ich wohne 5km von Oberndorf, dem Geburtsort von Stille Nacht entfernt, wo Ende 2018 die 200-Jahr-Feiern des Liedes von 1818 stattfanden. Wochenlang fürchteten sich Polizei und Feuerwehr, dass die Überflutung des kleinen Städtchens mit 7.000 Touristen nicht beschaulich, sondern gefährlich werden könnte. Es ging zu wie auf einem Rummelplatz oder in einem Megaeinkaufzentrum. Warum tun wir uns so schwer, zu Frieden und Besinnlichkeit zu finden, wo doch alle Tonquellen uns ab September beides in die Ohren hämmern?

Es kann nicht funktionieren. Denn die Verbreitung von Weihnachten begann mit einer Lüge. Erfunden haben Weihnachten zwei der brutalsten römischen Kaiser, Aurelian und Konstantin der Große.

Aurelian machte den 25. Dezember zum Geburtstag des römischen Staatsgottes Sol Invictus, dem unbesiegbaren Sonnengott, der den Römern zum Sieg in der Schlacht verhelfen sollte.

Konstantin der Große erklärte Christus zum göttlichen Helfer bei der Schlacht an der Milvischen Brücke. Er machte die Christen zu seinen staatlichen Helfershelfern und erklärte, dass der 25. Dezember der Geburtstag von Jesus sei, der damit Sol Invictus als Staatsgott ablöste und aufhörte, ein Friedensbringer zu sein.

Die Urchristen der ersten 300 Jahre kannten weder Weihnachten noch einen göttlichen Christus, die Worte Jesu reichten vollkommen aus, um seine Botschaft zu verbreiten. Der Geburtstag Jesu war weder bekannt noch wichtig.

Was kümmert uns die historische Wahrheit, müssen sich die 4 Evangelisten gedacht haben. Matthäus und Lukas schreiben zwei sich widersprechende Bethlehem-Geschichten, Johannes weiß, dass Jesus in Nazareth geboren ist, Markus schreibt gar nichts darüber, obwohl (oder weil?) sein Evangelium das älteste von allen ist. Seit 2000 Jahren glauben Christen an "alternative Fakten", man kann es sich aussuchen, was man glaubt, mehrere Alternativen stehen zur Wahl. Die Theologen lösen das Problem salomonisch: Jesus ist theologisch in Bethlehem geboren, historisch in Nazareth (Gielen 2019). Ähnlich begründet Papst Benedikt XVI. die Wahrheit der Auferstehung Christi. Es ist nicht wichtig, ob das Grab leer war oder nicht, die Auferstehung Christi ist kein biologisches, sondern ein ontologisches Faktum, sie ist sozusagen per se wahr, unabhängig von Biologie, Geschichte und Naturwissenschaft. Bei so viel alternativer Wahrheit ist vieles denkbar: Vielleicht stammt die Botschaft von Liebe und Frieden von einer Frau und Jesus ist nur im theologischen Sinn ein Mann, damit er besser zum Vater im

Himmel passt? Das würde erklären, warum die Päpstin Johanna, die im 9. Jhdt. bewies, dass auch eine Frau die Kirche führen kann, für die Patriarchen so bedrohlich war. Immerhin musste das ganze Mittelalter hindurch jeder Papst sich nach seiner Wahl auf einen eigens dafür gebauten Gynäkologen-Stuhl setzen, damit sich die Kardinäle überzeugen konnten, dass er keine Frau ist.

Wie kann es sein, dass die Evangelisten so locker mit der Wahrheit umgingen?

Es gab eine Urschrift, von der die 4 Evangelisten abschrieben, das ist seitens der Forschung gesichert. Sie beinhaltet die Gleichnisse in direkter Rede, die bei allen 4 Evangelisten gleich zitiert werden. Den Rest fügten die 4 hinzu, das war 70 bis 90 nZ, da gab es jede Menge mündlicher Legenden, da schrieb jeder etwas anderes. Deswegen ergibt die Synoptik der 4 Evangelien jede Menge Widersprüche, aus denen man ableiten kann, dass es so wie geschildert definitiv nicht gewesen sein kann. Die Geburt in Bethlehem ist eine Lüge aus Propagandagründen.

Die Evangelien sind also Märchen, nur bestimmte Jesusworte, die bei allen gleich sind, sind evtl. wahr. Aber alles über das Leben Jesu ist Legende. Jesus könnte auch eine Frau gewesen sein, oder von einer Frau beeinflusst (Maria Magdalena), die die wahre Prophetin war und flugs zur Hure erklärt wurde. Es gab mindestens 8 Evangelien, nach 100 Jahren strichen die Bischöfe die meisten, erklärten sie für ungültig, vor allem, wenn Frauen darin vorkamen. So wurde Schritt für Schritt alles verfälscht und niemand weiß genau, was zu Jesu Lebzeiten wirklich die Intention dieser Bewegung war.

Wie konnte es geschehen, dass Fake-News zur größten Wahrheit des Erdballs aufstiegen?

Die gepriesene Wahrheit beginnt mit der christlichen Bibel und fußt auf ihr. Die Bibel ist das meistgelesene Buch der Welt. Die

Fundamentalisten in den USA fordern die wortgetreue Befolgung dieser Wahrheit und richten danach ihre Politik aus, ebenso wie die moslemischen Salafisten es mit Koran und Scharia tun.

Dabei wissen wir, wie diese Wahrheit zustande gekommen ist. Am Beispiel des Neuen Testaments lässt sich das demonstrieren. Alle Evangelien wurden 40 bis 60 Jahre nach Christi Tod aufgeschrieben, keiner der Evangelisten ist ein Zeitzeuge. Nach Flasch (2015) reicht eine so lange Zeit völlig für die Entstehung von Legenden aus, die nicht mehr von den Tatsachen zu unterscheiden sind.

Die Zeitzeugen schrieben allerdings eine Urschrift auf, in der die Bergpredigt und die wörtlichen Zitate Jesu enthalten waren, sonst aber nichts. Von dieser Urschrift schrieben alle Evangelisten ab und schmückten sie nach Gutdünken mit Legenden aus. Es gab mindestens 8 Evangelien, die sich so widersprachen, dass die Kirchenväter mindestens 4 davon, das Thomas-, das Maria-Magdala- und das Petrusevangelium, für ungültig erklärten. Das ist besonders peinlich, denn im Petrusevangelium hätte man die wahre Bedeutung des Stuhles Petri erforschen können. Sicherheitshalber wurde auch das Urevangelium vernichtet, damit keiner blöde Fragen stellte.

Eine der ersten großen Christengemeinden entstand in Ägypten, wo die Menschen bereits seit 1.500 Jahren an die Auferstehung des zerstückelten Osiris glaubten. Also wurde aus der Auferstehung des Osiris rasch die Auferstehung Christ. Laut Papst Benedikt eine ontologische Tatsache, was immer man darunter verstehen mag. Ebenso wahrscheinlich ist, dass Jesus scheintot war, aus dem Grab befreit wurde und vor den römischen Häschern nach Kaschmir flüchtete, wo es heute noch sein Grab gibt, oder nach Ostsyrien (Fried 2019). Aber das hätte die Ägypter nicht überzeugt.

Prädestination und Verdammung

Weixlbaumer (2017) findet bei den Religionen jede Menge Widersprüche: 10.000 Religionen ringen weltweit um jeden Gläubigen, 34.000 christliche Abspaltungen behaupten alle, die einzige seelige Wahrheit und den einzigen Weg aus der Verdammnis zu kennen, die alle anderen erfassen wird, da sie ja allesamt Heiden sind – so viel Wahrheit geht auf keine Kuhhaut. Weixlbaumers entlarvende These: „Alle Religionen haben ihre Absurditäten“ und warum soll man über die nicht reden dürfen?

Weixlbaumer unterscheidet zwischen begründbaren Glaubenssätzen und wenig glaubhaften Absurditäten, von denen man im Religionsunterricht allerdings nichts erfährt: Christus kannte keine Erbsünde, die führte erst der Hl. Augustinus 400 nZ ein, das Fegefeuer kam nach 1000 Jahren dazu, der Limbus nach 1800 Jahren – die Urchristen hätten mit dem heutigen Katechismus wenig anzufangen gewusst. Die Frage, ob der Leib Christi göttlich oder menschlich sei, spaltete die Christenheit in vier Fraktionen, die sich gegenseitig exkommunizierten und niedermetzelten, weil Kaiser Konstantin die Formel „wahrer Mensch und wahrer Gott“ für gültig erklärte und damit Arianer, Nestorianer und Monophysiten zu Ketzern machte. Über die Bilderverehrung kamen sich die Christen 800 nZ so in die Haare, dass die Kaiserin von Byzanz 100.000 Bilderverächter töten ließ, damit alle wieder vor Heiligenstatuen beten konnten.

Alles, was Karlheinz Deschner in seiner 10-bändigen „Kriminalgeschichte des Christentums“ (1989) an Gottlosigkeit aufgedeckt hat (Judenpogrome, Investiturstreit, gefälschte konstantinische Schenkung, Grausamkeit der Kreuzzüge, Massaker von Jerusalem, ermordete Katharer, Inquisition, Hexenverbrennung, Slawenkreuzzug, Preußenvernichtung, Verbrennung von Jan Hus, maßloser Reichtum der Bischöfe), hält mich davon ab, an die Dogmen der Kirche zu glauben. Wie die meisten aufgeklärten Menschen brauche ich diese Bevormundung nicht (Meulemann 2018, Flasch 2015).

Der hochverehrte Kirchenvater Augustinus ist ein besonderer Fall der Jesus-Verfälschung. Er war lange Zeit ein Manichäer, wurde erst im reifen Alter zum Christentum bekehrt, erlangte dort schnell Einfluss, den er nutzte, um die Lehren des Propheten Mani und des Zarathustra zur Grundlage des Katholizismus zu machen.

Mani predigte den Dualismus zwischen dem Reich des Lichtes und dem Reich der Finsternis, daraus entwickelte Augustinus die Lehre von der Erbsünde, die Höllenlehre und die Prädestination (schicksalhafte Vorherbestimmung).

Es sei von Gott vorherbestimmt, wer in den Himmel kommt und wer in der Hölle auf ewig verdammt werde. Der Himmel als Reich des Lichtes und die Hölle als Reich der Finsternis – beides gibt es in dieser dualistischen Form bei Jesus nicht. Die Schuldgefühle, die Todsünden und ewige Verdammnis bei den Gläubigen auslösen, stammen nicht von Jesus, sondern von Augustinus. Erst 400 Jahre nach Jesus wurden die Gläubigen zu verdammten Sündern degradiert und damit die Frohbotschaft Jesu ins Gegenteil verkehrt.

Das finstere Weltbild des Augustinus war wohl davon beeinflusst, dass er den Zusammenbruch der römischen Welt noch erlebte und in Hippo Regius starb, als dieses von den Vandalen erobert wurde. Unter dem Schock dieses Untergangs entstand die Angst, mit der die Päpste aus den weltoffenen Menschen der Antike die schuldbeladenen Sünder des Mittelalters formten. Nicht ganz selbstlos. Den je mieser sich die Menschen fühlten, desto mächtiger wurden die Päpste.

Gottgewollte Kriege?

Christus war Pazifist. Er ließ sich lieber kreuzigen, als sich gegen die Staatsgewalt zu wehren (Wer zum Schwert greift, wird durch das Schwert umkommen). Dass er 300 Jahre später zum Helden der Schlacht an der Milvischen Brücke ernannt wurde, hätte eigentlich alle Christen auf die geistigen Barrikaden treiben müssen.

Die Bischöfe hatten sich aber mit dem siegreichen Kaiser Konstantin verbündet, da zählte der Pazifismus auf einmal wenig. So brachte Bischof Ambrosius Kaiser Theodosius erst mal dazu, das Christentum zur alleinigen Staatsreligion zu erklären, damit man alle Nicht-Christen zu Heiden erklären und verfolgen konnte. Dann nahm sich Kirchenvater Augustinus des Dilemmas von Krieg und Frieden an. Flugs entwickelte er das Konzept des gerechten Krieges, den man gegen Ungläubige sehr wohl führen dürfe, um die gerechte Sache des Glaubens zu schützen. Der Zweck heiligt die Mittel, verkündete Augustinus, und daran halten sich die Mächtigen der Christenheit bis heute. Jesus wurde ein zweites Mal gekreuzigt, diesmal gab es keine Auferstehung seines guten Geistes.

Seitdem ist der Krieg wieder gottgewollt und die Christenheit reiht sich ein in die Kette der brutalen patriarchalischen Religionen. Auch Altes Testament und Koran sind voller Beispiele von Krieg, Gewalt und Tötungen Andersgläubiger. Die Geschichte des Katholizismus (bis zum Verlust des Kirchenstaates 1870) und der verschiedenen Kalifate ist von „gerechten" Kriegen geprägt.

Aus spiritueller Sicht sind Krieg und Gewalt Anzeichen von dämonischen Mächten. Es ist kein Zufall, dass man 5 Jahre Theologie studieren muss, um die Kurve vom rächenden zum liebenden Gott zu kratzen. Von Barmherzigkeit wird zwar viel geredet, aber kaum danach gehandelt. Da kann man nur eines der authentischen Jesus-Worte zitieren: „An ihren Taten werdet ihr sie erkennen."

Das Konzept des gottgewollten Krieges erleidet gerade im Nahen Osten grausam Schiffbruch. Israel, Saudi-Arabien, Iran, alle diese Staaten haben eine religiöse Selbstdefinition und verteidigen ihr Heiliges Land gegen gottlose Feinde. Natürlich gibt es riesige politische Unterschiede zwischen Israel und dem Iran. Dennoch sind sie sich nicht zufällig die größten Feinde, ebenso wie sich die Evangelikalen in den USA nicht zufällig an den Dschihadisten festbeißen und diese fleißig bombardieren.

Alle sind blind dafür, dass es religiöse Feindbilder sind, die diese Konflikte befeuern. Religiöse Fanatiker kennen nur Kreuzzüge. Alle Kreuzzüge sind und waren ungerechte Kriege, sind und waren das Gegenteil von Spiritualität. Dieser Zusammenhang wird nirgends diskutiert, weil religiöse Macht dies verhindert, nicht nur im Iran, sondern auch bei uns im Westen.

Religiöse Hierarchien schaffen es überall, die eigenen Anhänger als gut und überlegen, die Anhänger anderer Kirchen als böse und moralisch unterlegen hinzustellen. In Palästina treffen zwei solche Interpretationen direkt aufeinander und das schürt den Hass. Da hilft es nichts, dass Israel sich als westliche Demokratie den feudalen Strukturen der Araber überlegen fühlt und behauptet, die Araber hätten in Israel ohnehin alle Rechte. Juden und Araber sind trotz gleicher Staatsbürgerschaft in keiner Weise gleichberechtigt, denn das Judentum steht in der Staatsverfassung. "Israel ist ein jüdischer Staat". Im Westjordanland herrscht Apartheid wie einst in Südafrika. Demokratisch nennen sich fast alle Staaten, sogar Nordkorea, doch Begriffsdefinitionen sind oft eine Verhöhnung der Realität. Ich habe viele jüdische Freunde in Österreich und schätze sie sehr. Als ausgrenzender Staat wird Israel aber keinen Frieden finden, das liegt daran, dass es sich über die Religion definiert. Wäre dem nicht so, dann wäre kein einziger Krieg um Palästina notwendig gewesen.

Was heißt hier Heidentum?

Von 400 bis 800 nZ wurden die Barbaren Europas zu Christen gemacht, meist durch blutige Zwangsbekehrung. Noch heute feiern wir, dass die Missionare die heiligen Bäume der Kelten und Germanen fällten und die heiligen Haine zerstörten. Waren ja alles böse Heiden, gottlos und dumm.

Woher kommt die Vorstellung eines verdammungswürdigen Heidentums? Sowas kannten nicht mal die sonst so brutalen Römer. Sie akzeptierten die Götter der anderen, deuteten sie vielleicht zu olympischen Göttern um, aber ließen allen Völkern ihren Glauben. Wer Karriere machen wollte, musste dem Kaiser huldigen, das ist heute noch so in allen nicht-demokratischen Ländern der Welt. Ansonsten war Glaube Privatsache, so wie heute auch.

Die Christen wurden nicht wegen ihres Glaubens verfolgt, sondern weil sie sich nicht an die römischen Gesetze hielten, zu denen die Kaiserverehrung nun mal dazugehörte. Aus staatlicher Sicht verhielten sie sich wie Terroristen, die man duldete, so lange es ging und von Zeit zu Zeit eingrenzte, wenn sie dem Staat bedrohlich wurden.

Kaum waren sie an der Macht, drehten die Christen den Spieß um und erfanden ein totalitäres Glaubenssystem, wie es bis dahin noch völlig unbekannt gewesen war. Nur der Katholizismus hatte Recht, alle anderen waren Ungläubige und damit des Teufels. Die Anderen hatten die Liebe Gottes natürlich nicht verdient, drum konnte man sie ungestraft abschlachten. Mit Ausnahme des Islam, der wahrscheinlich eine Abspaltung vom christlichen Monophysitismus ist, ist keine Religion der Welt je auf eine so brutale Vorstellung von dieser Welt verfallen.

In einem Fanatismus sondergleichen legten die Christen alle Tempel, Haine und Bibliotheken der Antike in Schutt und Asche, zerstörten jahrtausendealtes Wissen. Mit den Weisheiten der Heiden setzten sie sich erst auseinander, als das Heidentum partout nicht verschwinden wollte. Es lebte an der Basis weiter, weil die Leute ihren Schamaninnen und Heilerinnen mehr glaubten als den weltfremden Priestern und Mönchen. So machte der Vatikan die fremden Götter einfach zu christlichen Heiligen, grub ein paar Knochen aus vermoderten Gräbern und erklärte die alten Kultplätze zu Reliquienschreinen der Märtyrer. Die alten Bräuche wurden geklaut und ihre Segenswirkung erfundenen Christen zugeschrieben. Wieder ging es nur um Fälschung und Verdrehung der Realität.

Dabei konnte der logische Widerspruch nur vertuscht werden, weil die meisten Leute nicht lesen und schreiben konnten: Einerseits waren alle Bräuche der Heiden verteufelt und böse, andererseits bestimmen sie bis heute den Jahreskreis der Heiligenfeiern und werden bei jeder Kirmes weitergeführt. Wenn etwas im Zeichen des Kreuzes geschah, war es fortan heilig, wenn nicht war es satanisch. Es war egal, dass es sich an beiden Seiten der Front um das beinahe identische Verhalten handelte.

So entlarvt sich die Kirche selbst. Es ging nur um Macht, nicht um Religion. Vor der Zwangsbekehrung taten die Gläubigen, was sie sinnvoll fanden. Nach der „Bekehrung“ taten sie meist immer noch dasselbe, durften es aber nur tun, wenn sie dazu die Erlaubnis des Papstes hatten.

Naturreligionen und prämosaischer Glaube

Seit 2000 bis 2500 Jahren gibt es die großen Weltreligionen. Diese führen sich auf, als wären unsere Vorfahren 100.000 Jahre lang gottlose Dummköpfe gewesen, die man als Heiden verachten und möglichst schnell bekehren musste.

Inzwischen können Wissenschaftler anhand archäologischer Zeugnisse beweisen, dass Homo sapiens von Anfang an ein spirituelles Wesen war und damit wanken alle Vorstellungen, die bisher im Spannungsfeld von Evolution und Theologie angestellt wurden (Wunn 2014). Herrschte vor Darwin die Überzeugung, der Mensch sei als Krone der Schöpfung von Gott nach dessen Ebenbild erschaffen worden, so brachte die Naturwissenschaft alles durcheinander und Religion erschien als überflüssiges Relikt aus alter Zeit, das einfach absterben würde. Marx sprach vom Opium für das Volk, übernahm aber die Entwicklungslinie zu einem erlösenden Endzustand. Erklären lässt sich die Entstehung religiösen Verhaltens als Teil der menschlichen Verhaltensbiologie:

Wann entstand Religion? Noch nicht im Tierreich, auch wenn Wölfe und Elefanten die Trauer um Verstorbene kennen. Bestattungen lassen sich bei den Neandertalern nachweisen, diese sind die ersten Kandidaten für religiöse Rituale. Bei Homo sapiens kamen neue Rituale dazu: Totenschädel wurden an den Grenzen des eigenen Territoriums deponiert, um Stammesfremde abzuschrecken. Ranghohen wurden Grabbeigaben mitgegeben, um ihren Rang zu festigen. Höhlenmalereien, Frauenfigurinen, entblößte weibliche Geschlechtsteile finden sich auf allen Erdteilen, seit Homo sapiens sie besiedelt. Gimbutas (2010), Armbruster (2010) und Uhlmann (2015) deuten dies als Hinweis auf die Heiligkeit der Geburt als Ursprung des Lebens und der Frau als großer Gebärenden. Vulva und gespreizte Beine sind Abbilder von Geburt und Schöpfung, werden von feministischen Forscherinnen als Zeichen einer matriarchalischen Urreligion gedeutet.

Wunn (2017) postuliert, dass sich die Merkmale der Evolution (Auffächerung, Veränderung, Selektion) auf Religionen übertragen lassen. Im Unterschied zur Genetik wirkt religiöse Evolution aber rascher, weil sie sich durch Kommunikation ausbreitet, deren Wirkung auf Überzeugungskraft beruht. Religionen passen sich rasch an soziale und biologische Umwelten und deren Veränderungen an. Wunn sieht Religion nicht als hirnphysiologisch angelegt, sondern als kulturelle Anpassung an immer neue Umwelten. Daraus ergibt sich ein zeitlicher und räumlicher Stammbaum. Wunn entzaubert anhand von historischen und archäologischen Fakten die Bibel: Weder gab es das Reich Salomons noch Moses Auszug aus Ägypten, beides sind nachträglich zwischen 700 und 500 vZ niedergeschriebene Legenden, die das babylonische Exil hervorrief, um das Elend von Niederlage und Vertreibung zu legitimieren. Das Christentum bezog bereits vorhandene Vorstellungen von Tod und Wiederauferstehung (Osiris-Kult) auf die Kreuzigung Christi. Mohammeds Anziehungskraft bestand in der großen Toleranz gegenüber anderen Religionen und der Sicherheit gebenden politischen Stabilität des Kalifats und eben nicht auf Grund des kriegerischen Dschihads.

Archäologen fanden jede Menge menschlicher Artefakte aus der Zeit von 50.000 bis 3.300 vZ. Diese zeigen vor allem Frauen mit überquellenden Fruchtbarkeitsmerkmalen: Vulva, Brüste, Bauch, Gebärstellung. Dies passte nicht zur gängigen Vorstellung von heldenhaften Jägern, die später zu mächtigen Königen wurden. Statt den logischen Schluss zu ziehen, dass Frauen in der Steinzeit eine wesentlich größere Bedeutung hatten als in Antike, Mittelalter und Neuzeit, zogen sich die Gelehrten auf eine Form der Wissenschaftlichkeit zurück, die einem Denkverbot gleichkommt: Man könne über die „Venus"-Statuen nichts Sicheres sagen, denn es fehlten ja die schriftlichen Überlieferungen.

Eine kluge Frau, Marija Gimbutas, Professorin in Harvard, entdeckte bereits 1956, dass die erste Zivilisation der Welt im Donauraum entstand, 2000 Jahre früher als die sumerische, matrifokal organisiert, mit der ersten dokumentierten Schrift. Als Gimbutas dann noch von einer großen Muttergöttin faselte, wurde sie nicht mehr ernst genommen. Komisch nur, dass die Metallurgie (Kupfer, Gold) erstmals von der Donaukultur entwickelt wurde. Ebenso die Donau-Schifffahrt, die auf der Donau und ihren Nebenflüssen ein erstes großes Handelsnetz zum Wohle aller Balkanbewohner sicherstellte.

Laut dem Universalhistoriker Arnold Toynbee (1970) lockt jede Hochkultur Barbarenstämme an, die auf Reichtümer aus sind und mit ihren Raubzügen die Hochkultur zum Einsturz bringen. Aus den Trümmern jeder Kultur entsteht eine Tochterkultur, die deren Tradition weiterführt. Indogermanische Patriarchen aus Südrussland eroberten die Donaukultur und schmiedeten das vorhandene Kupfer zu Schwertern, später zu Bronze. Damit begann der Siegeszug der Krieger-Kaste, die alles eroberte, was sich ihr in den Weg stellte. Die Überlebenden der Donaukultur flüchteten auf die griechischen Inseln und entwickelten auf Kreta die minoische Kultur. Durch das Meer und die damals größte Flotte der Welt geschützt, hielten die Minoer nicht viel vom Krieg, trieben lieber Handel mit den Ländern des östlichen Mittelmeers. Nicht viel anders in Ägypten. Der erste Pharao Narmer, der 3.000 vZ das Nildelta eroberte, stand nicht am Anfang, sondern am Ende der ägyptischen Zivilisationsentwicklung. Der Ackerbau begann im Nildelta um 6.500 vZ in matrifokaler Zeit. Doris Wolf (2019) hat nachgewiesen, dass die matrifokale Kultur in Ägypten sich im Laufe von 3.000 Jahren entwickelt hat und von den Pharaonen nur gekapert wurde.

Die heiligen Bücher Indiens (Bagavadgita, Mahabharata) wurden unter arischen Königen aufgeschrieben, was die indogermanischen Völker Europas in ihrer patriarchalen Weltsicht bestätigte. Die indische Kultur entstand aber viel früher unter drawidischen, dunkelhäutigen Völkern, wie es sie heute nur mehr in Südindien gibt. Die große Zeit der Indus-Kultur war von 2.800 bis 1.800 vZ. Es war die damals weiträumigste Kultur der Welt. Die Drawiden erfanden die Städteplanung aus rechtwinkeligen Straßenvierecken, Häuser aus gebrannten Ziegeln, die Kanalisation, die Wasserleitung und das Bad. Ähnlich der Donaukultur war die Induskultur eine matrifokale Händlerkultur. Erst die indogermanischen Eroberer brachten die kriegerischen Götter mit sich, die kämpfend und tötend ins Leben der Menschen eingreifen. Sie schafften die Verehrung der großen Mutter ab, statt Liebe predigten ihre Priester von Macht, Ruhm und Ehre.

Trotz patriarchaler Unterdrückung hielten sich die matrifokalen Traditionen der weisen Frauen im Untergrund, vor allem in den unterdrückten Schichten. Die „heidnischen" Bräuche blieben so stark, dass die patriarchalischen Religionen sie nicht ausmerzen, sondern nur mit „richtigen und wahren" Dogmen überlagern konnten. Die Geschichte der katholischen Kirche ist dafür das beste Beispiel: Die jungfräuliche Muttergöttin wurde zur Jungfrau Maria, die Jesus vom Heiligen Geist empfing. Die Göttinnen der alten Völker wurden zu christlichen Heiligen. In Peru ist Pachamama gleichzeitig die Jungfrau Maria und so regt sich keiner auf, wenn die alten Bräuche fortgeführt werden. Von Jesus Christus stammt kein einziges der katholischen Dogmen, diese entstanden alle zwischen 325 und 1870 nach Christus, um den schwelenden Kampf gegen das Heidentum immer wieder zu gewinnen.

In den letzten 2.500 Jahren kam es immer wieder zu geistigen Aufständen, die als Versuche zu sehen sind, die Weisheit der matrifokalen Urgesellschaft wiederherzustellen. Die Urchristen waren pazifistisch, lehnten weltliche Macht ab und sahen Frauen als gleichberechtigt an. Die meisten Jünger Jesu waren Frauen, der wichtigste Apostel hieß Maria Magdalena. Die Lehre Jesu wurde nach kürzester Zeit von Paulus verfälscht, einem hellenistischen Renegaten, der die Frauen zum Schweigen brachte. Als die machtgierigen Bischöfe des 4. Jhdt. sich mit den Kaisern verbündeten, war es mit der Friedensbotschaft vorbei. Die Bischöfe stachelten die Christen zu Mord, Totschlag und zur Unterdrückung aller Andersgläubigen auf. Mehr noch: Sie vernichteten die Welt der griechischen Philosophie. Diese war eine Rückkehr zur Naturbeobachtung, die für Frauen immer selbstverständlich war. Griechen und Römer bauten für jedermann zugängliche Bibliotheken und Universitäten, wo auch Frauen sich bildeten. Die letzte Rektorin der größten antiken Universität war Hypatia, ein weibliches Genie, deren Berechnungen der Kegelschnitte noch heute gelten. Auf Grund ihrer Klugheit war sie den Christen so verhasst, dass diese sie 415 nZ zerstückelten (Chotjewiez 2002). In der Folge verbrannten die „barmherzigen Christen" alle Schriftrollen, zerstörten die antiken Bibliotheken und verboten alles Wissen, das nicht aus der Bibel zu beziehen ist. Ab da funktionierte die katholische Herrschaftsmaschinerie wie am Schnürchen.

Der Vatikan

Ostern und Weihnachten blickt alle Welt auf Rom, der Papst spendet den Segen Urbi et Orbi, als wäre der Vatikan immer schon das Zentrum aller Religion gewesen und als wäre der verschwenderische Prunk des Petersdoms der Inbegriff von Heiligkeit.

In Wirklichkeit ist die spirituelle Macht des Papstes ein über 1.700 Jahre mühsam aufgebautes Konstrukt, bei dessen Errichtung es nicht immer mit rechten Dingen zuging.

300 Jahre lang gab es keinen Papst, sondern nur eine Vielzahl von Gläubigen und Bischöfen im ganzen römischen Reich. Als Kaiser Konstantin die Bischöfe 325 nZ in Nikäa versammelte, gab es sofort Streit zwischen den verschiedenen Landesteilen. Die Patriarchen von Alexandria, Antiochia, Rom und Konstantinopel

stritten darum, war von ihnen der wichtigste sei. Rom war dabei weder Favorit noch führend, die anderen drei wechselten sich in der Bedeutung ab. Alexandria und Antiochia waren die ältesten Zentren der Christenheit, Konstantinopel die Reichshauptstadt, Rom verlor unter Konstantin seine Bedeutung.

Aus christlicher Sicht war Rom nie wichtig gewesen. Es gibt keinen Beweis, dass Petrus jemals dort gewesen ist und schon gar nicht liegt er dort begraben. Alle Legenden von Petrus als Nachfolger Christi (dessen erster Nachfolger war sein Bruder Jakobus) sind nachträglich erfunden, um Rom im Streit der Patriarchen eine gute Position zu beschaffen. Konstantin schenkte dem Bischof von Rom zwar den Lateranpalast und errichtete zwei Kirchen über den angeblichen Apostelgräbern, ähnliches tat er aber überall in seinem Reich, um das Christentum als neue Staatsreligion zu etablieren. Durch die Völkerwanderung wurde Rom zu einer Randprovinz des byzantinischen Reiches, die religiöse Macht lag beim Patriarchen von Konstantinopel.

In der Spätantike war Rom auf sich allein gestellt und verschiedenen Herren ausgeliefert (Römischen Generälen, Ostgoten, Langobarden, Byzantinern). Die Stadt verfiel ebenso wie die Autorität des Papstes, die an den Grenzen Italiens endete. In diesem fortdauernden Chaos wurde der Papst von den byzantinischen Autoritäten unabhängig und benahm sich zeitweise wie ein Stadtpräfekt von Rom, um die Ordnung aufrechtzuerhalten. Erst durch das Bündnis mit den Franken begann der Aufstieg der Päpste. Der Frankengeneral Pippin übertrug dem Papst 756 nZ die Verwaltung von Mittelitalien, 800 nZ ließ sich Karl der Große vom Papst krönen. Nun war man endlich wer. Kaum fiel das Frankenreich auseinander, beanspruchte der Papst die Herrschaft über Westeuropa und legte eine gefälschte Urkunde vor, nach der ihm angeblich Kaiser Konstantin das Weströmische Reich geschenkt hatte. Das glaubte aber schon damals niemand. 962 wurde das Bündnis mit den Franken erneuert und Otto der Große zum Kaiser gekrönt. 1076 zerbrach die Einheit von Kaiser und Papst auf Grund von dessen Machtanspruch. Dazu arbeitete die Kirche mit allen Tricks, Lügen und gefälschten Urkunden, deutete ständig die Fakten so um, als wäre immer schon der Papst der Herr der Welt gewesen.

Die Belehnung des Papstes mit dem Kirchenstaat und der deutschen Bischöfe mit großen Ländereien war ein Lehensakt der fränkischen Kaiser. Da die Priester und Bischöfe Lesen und Schreiben konnten im Gegensatz zum Rest der Bevölkerung, waren sie die Verwaltungsbeamten der Kaiser und wurden selbstredend von diesen ernannt. Keinesfalls waren sie aber unabhängige Fürsten, auch der Papst war das nicht. Das gefiel dem gar nicht und so inszenierte er einen mit theologischer Raffinesse begründeten Putsch, genannt Investiturstreit. Die Päpste versuchten, zu Kaisern von Europa aufzusteigen, denen die Könige tributpflichtig waren. Dagegen wehrten sich die deutschen Kaiser und wurden deshalb vom Papst so entmachtet, dass Deutschland von 1250 bis 1871 ein hilfloses Agglomerat von kleinen Fürsten blieb. Die päpstlich angeordnete Demütigung Deutschlands, die 600 Jahre anhielt und in den Reformationskriegen blutig bekräftigt wurde, ist der Hauptgrund für die Weltkriege des 20. Jhdt.

Um 1500 nZ hatten sich Macht und Dekadenz der Päpste so gesteigert, dass Papst Alexander VI. seinen Sohn Cesare Borgia ganz Norditalien verheeren ließ und eroberte Fürstentümer nach Gutdünken an seine zahlreichen illegitimen Kinder verteilte. So nebenbei verschenkte er die ganze noch zu entdeckende Welt an Spanien und Portugal, wohl weil er selbst ein Spanier war.

Dies löste den Protest der Reformierten aus. Sie versuchten, das einfache Volk von der Unterdrückung durch Adlige und Bischöfe zu befreien, büßten diesen Frevel mit Millionen Toten. Der Buchdruck und die Übersetzung der Bibel ins Deutsche machte es der breiten Masse möglich zu überprüfen, was denn da in der Bibel stand. Dies weckte die Kritik vieler kluger Geister, die nicht der Kirche weisungsgebunden waren. So beendeten die Aufklärer des 18. Jahrhunderts die Macht des patriarchalischen Gottes und begründeten eine humanistische Lehre des sozialen Zusammenlebens, die nach den Revolutionen von 1789, 1830, 1848 und 1918 zur Implementierung des Sozialstaats führte.

Die Aufklärung endete so wie alle Reformbewegungen vor ihr. Sie wurde von den Mächtigen gekapert und vor den Karren der Reichen gespannt. Im 20. Jhdt. wurde erstmals historisch dokumentiert, wie das Patriarchat eine Basisbewegung in ihr Gegenteil verkehrt. Die sozialen Anliegen der Marxisten wurden von den Leninisten missbraucht, um in Russland eine Diktatur zu errichten, Bauern und Intelligenz auszurotten und als neue Zaren die Weltherrschaft anzustreben.

1.000 Jahre lang dominierte der Papst die Welt, indem er ein Viertel der Menschheit brutal unterdrückte und ausbeutete. In der Neuzeit verschleuderte er seine Energien, um die rebellierenden evangelischen Konkurrenten in Deutschland verbrennen und niedermetzeln zu lassen, übersah dabei den mächtigen Konkurrenten Naturwissenschaft, dem Roms Ressentiments den Weg zur Weltherrschaft ebneten. Vom Thron absoluter Macht gestürzt versteifte sich die Kurie auf die alten Dogmen und darauf, im Besitz der allein seligmachenden Wahrheit zu sein. Statt seine Theologie in Einklang mit den Erkenntnissen der Wissenschaft zu bringen, blockierte Rom weiterhin alle, die ihm wohlgesonnen waren – die spirituell interessierten Frauen, die alten christlichen Eliten, und die konservativen Gläubigen aller Länder. In einem kollektiven Wahn vergangener Größe bricht Rom jetzt alle Brücken zur wachsenden spirituellen Bewegung ab, erhofft sich die Errettung durch standhaftes Verteidigen der Lügen und Fälschungen in den Vatikan-Archiven.

Geistige Herrschaftssicherung

Laut Hariri (2015) hat der Mensch vor 70.000 Jahren die Mythologie erfunden, um größere Verbände von Menschen vereinen zu können. Seitdem kann er in seiner Fantasie alles Mögliche ausdenken, was es in der Realität gar nicht gibt. Er kann Bilder malen, Tänze choreographieren und Musik komponieren, die einerseits sein großes Gehirn beschäftigen, andererseits die Einheit der Stämme garantieren. Jeder Stamm hat nicht nur seine eigene Sprache, sondern auch seine eigene Mythologie von den Taten der Ahnen und Götter, die in mündlichen Geschichten von Generation zu Generation weitergegeben werden. Jedes Volk schafft sich damit seine eigene Realität, die den Zusammenhalt nach innen und die Abgrenzung nach außen fördert. Dabei ist es egal, ob die Mythen im naturwissenschaftlichen Sinne stimmen. Das tun sie höchst selten, weswegen europäische Forscher die Ansichten der Eingeborenen in der Regel als primitiv und dumm ansehen. Die Mythen und Narrative haben vielmehr die Aufgabe, den unterschiedlichen Menschen eines Stammes eine gemeinsame Basis zu geben, an die alle glauben und von der alle ausgehen. Alle, die dasselbe glauben, gehören zum selben Stamm, zum selben Volk oder zur selben Religion.

Naturwissenschaftlich gesehen sind Mythen ein Trick des Gehirns zur Bildung immer größerer Gemeinschaften. Am Ende entstehen nationale Staatsmythen. Das unterscheidet unsere Staaten gar nicht so sehr von Ameisenstaaten, welche klare Regeln haben, wann sie wohin marschieren sollen. Die Ameisenstraßen, die jede Hausfrau ärgern, wenn sie durch eine Küche verlaufen, beruhen auf chemischer Kommunikation durch Geruch.

Ähnlich funktioniert unser Gehirn, die chemische Kommunikation der Synapsen ist nur unendlich komplexer. Sie wird durch die sprachliche Kommunikation der Narrative vereinfacht auf

Erzählungen, die von Großeltern auf Enkel, von Sängern auf Gemeinden, von Experten auf Völker übertragen werden. Dabei entwickeln sich die Erzählungen von Generation zu Generation weiter und verändern sich. Im günstigen Fall spiegeln sie die soziobiologische Umwelt des Stammes. Um ungünstigen Fall wird den Menschen eine Lüge eingeredet, die schädliche Folgen hat.

Wir können die Mythen der Vorzeit anhand erhaltener Artefakte erschließen. Da zwischen 70.000 und 3.000 vZ weibliche Statuen mit allen Attributen des Gebärens hergestellt wurden, glaubten die Menschen in dieser Zeit wohl an Mutter Natur, an Ökologie, an die Göttin und an die heilige Kraft des Gebärens. Die Experten der damaligen Zeit waren weibliche Schamaninnen, die bei der Geburt halfen, Kenntnisse der Kräutermedizin hatten und bei Krisen Rat wussten. Bei den Stammesritualen ging es darum, Konflikte im Stamm zu beruhigen, damit alle gegen äußere Gefahren zusammenhielten. Nur so konnten die Urmenschen überleben.

Dann kam die Zivilisation und die war patriarchalisch. Was die Forscher Europas zu dem falschen Schluss verleitete, dass der Fortschritt der Menschheit den patriarchalischen Fähigkeiten der Männer zu verdanken ist.

Dieser Schluss ist ein Trugschluss, also falsch.

Das Patriarchat entstand nicht plötzlich, sondern entwickelte sich in einer 3.000-jährigen Übergangszeit, in der die Matrifokalität in der Mehrheit war und die wichtigsten Erfindungen von Frauen oder von Frauen und Männern gemeinsam gemacht wurden. Die ersten Hochkulturen waren matrifokal.

Die Fähigkeiten der Männer konzentrieren sich auf Technik, Abstraktion und militärische Strategie. Technik und Abstraktion beherrschen inzwischen die Welt, wir leben nur mehr in virtuellen

Räumen. Die kann man nicht essen und ohne die Fähigkeiten der Frauen wären wir längst ausgestorben.

Als die indogermanischen Männerkulturen militärisch die Oberhand gewannen, nutzten sie ihre Neigung zur Abstraktion, um die Welt der Mythen zu erobern. Seit 5.000 Jahren reden sie den Frauen und den Unterschichten folgendes ein:

Der Krieg ist der Vater aller Dinge. Geld regiert die Welt. Der männliche Vatergott verlangt Opfer.

Geld und Gott Vater sind Abstraktionen. Geld macht nicht satt, Gott Vater hat noch niemand zu Gesicht bekommen und der Krieg ist ein schreckliches Gespenst, vor dem sich alle zu Recht fürchten. All dies macht nicht glücklich.

Die greifbare Realität ist dieselbe wie seit 70.000 Jahren: Pflanzen wachsen, Mütter gebären, nähren und kochen, Liebe und Natur machen glücklich, sozialer Zusammenhalt bringt Fortschritt.

Wie schaffte es das Patriarchat, die geistige Herrschaft zu übernehmen und den unterdrückten Menschen lauter Unfug einzureden? Ganz einfach. Die Häuptlinge und Herrscher mussten nur die weiblichen Schamaninnen durch männliche Gelehrte ersetzen. Die weisen Frauen wurden entmachtet, getötet, verbrannt und werden heute noch als feministische Hexen abgewertet.

Seit 5.000 Jahren erklären uns männliche Experten die Welt. Sie dulden keinen Widerspruch, wer das goldene Kalb anbetet, wird getötet. Sie haben immer Recht, auch wenn sie nicht Recht haben. Männliche Rechtsexperten verdrehen die Wahrheit so lange, bis die Reichen jeden Prozess gewonnen haben. Daher ist das Wort Winkeladvokat bis heute nicht auszurotten.

Im Mittelalter legten allein die Bischöfe fest, was göttliche Wahrheit und was Ketzerei war, die man mit dem Tode ahnden muss. Da sie gleichzeitig reiche Landesherren waren, war ihr Urteil wohl nicht sehr objektiv. Heute bestimmen die Multinationalen Konzerne mit ihren Think-Tanks, was wissenschaftliche Wahrheit und was Unfug ist. Das ist gut für ihre Gewinne, die vor allem in den Taschen von männlichen Milliardären landen. Dass der Planet an dieser „Wahrheit" zugrunde geht, ficht sie nicht an.

Die katholische Kirche als Machtinstrument

Viele, vor allem theologische Gelehrte führen den Aufstieg des Westens auf das Christentum zurück, das moralisch überlegen sei sowie Fortschritt und technische Revolution möglich gemacht habe. Diese Gelehrten haben Recht, aber nicht so, wie sie denken. Die katholische Kirche spielt eine Rolle beim Aufstieg des Westens, aber weder auf Grund von Barmherzigkeit noch auf Grund von Liebe und Toleranz. Die Bedeutung der Kirche liegt in ihrer Effizienz als geistigem Herrschaftsinstrument, das den Mächtigen in die Hände spielte.

Gehen wir zu den Anfängen: Leppin (2018) zeichnet ein differenziertes Bild der ersten 300 Jahre. „Das Urchristentum" gab es nicht, sondern viele Diskussionen über viele Fragen, die einzelne Gruppen unterschiedlich behandelten, was sich etwa 50 Jahre nach Christi Tod in verschiedenen Evangelien niederschlug. Die frühen Christen lehnten die Macht des Kaisers ab und mussten sich doch mit der römischen Gesellschaft arrangieren. Anfangs gaben Propheten und Weise den Ton an, erst allmählich etablierte sich das Bischofsamt. Der Übertritt Kaiser Konstantins gab den machtorientierten Richtungen Oberwasser, diese verbündeten sich mit dem Kaiserhof, machten die Hälfte der schriftlichen Überlieferung zu verbotenen Apokryphen, die nur in Äthiopien und

Indien überlebten und erklärten alle anderen Richtungen zu Häretikern.

Das Abendmahl wurde in Privatwohnungen eingenommen, war zunächst nichts Ungewöhnliches, wurde doch bei heidnischen Opferritualen auch gemeinsam gegessen. Über die Diskussion, ob man Fleisch essen, jüdische Essensrituale und den Sabbat einhalten sollte, entwickelten sich Splittergruppen. Erst als man den Kaiserkult verweigerte, kam es zu Verfolgungen. Es gab neue Propheten: Marcion trennte das Christentum vom Judentum, Mani entwickelte es durch persische Elemente weiter. Es bürgerte sich der Sonntag als Tag des Herrn ein, Kaiser Konstantin taufte ihn Sonntag, Tag des Sol Invictus, der vor dem Christentum Staatsgott gewesen war. Weihnachten entstand viel später, wieder am Geburtstag des Sol Invictus. Die Bischöfe sicherten sich das Recht zu taufen, frisch Getaufte wurde angehalten, den Autoritäten zu folgen. So entstand eine mächtige Hierarchie, die seit Konstantin die römische Verwaltung imitiert.

Was fällt uns auf? Von Jesus und seiner Friedensbotschaft ist ab 313 nZ nur mehr wenig die Rede. Mehr als die Hälfte des Neuen Testamentes stammt oder handelt von Paulus, einem Überläufer, der Christus nie gekannt hatte. Von 313 bis heute beanspruchte die Kurie in Rom die Deutungshoheit in Europa. Wäre es dabei um Barmherzigkeit gegangen, wären uns das finstere Mittelalter und die grausame koloniale Neuzeit erspart geblieben.

Schizophrene Realitätsverleugnung

Dass die Repräsentanten der katholischen Kirche trotz all dieser Taten sich immer noch als moralische Autoritäten sehen, die ihren Schafen die Sünde erklären müssen, ist erstaunlich. Dies liegt an der gespaltenen Wahrnehmung, die seit 1.700 Jahren eine Gewaltreligion als Religion der Liebe verkauft.

Denken wir uns in die Frauen des 16. Jhdt. hinein. Sie mussten zusehen, wie ihre klügsten und angesehensten Freundinnen von dominikanischen Mönchen gefoltert und am Scheiterhaufen verbrannt wurden. Gleichzeitig predigte der Pfarrer auf der Kanzel von der Liebe Gottes und dass man die andere Wange hinhalten solle vor lauter Friedfertigkeit. Eine solch schizophrene Botschaft lässt einen am eigenen Verstand zweifeln. Die Opfer hatten zwei Möglichkeiten:

1. Die Sicht der Täter zu glauben und die Signale des eigenen Körpers zu verleugnen. Daraus entsteht der Kampf von Es und ÜberIch, der zu psychosomatischen Krankheiten führt.

2. Sich aus der unerträglichen Realität zu verabschieden und in eine Fantasiewelt abzudriften. Dies ist die stärkste Schockreaktion des Gehirns bei unerträglicher Dauerbelastung und bei schwersten Missbrauchstraumen. Paranoia, multiple Persönlichkeit, Größenwahn und religiöser Wahn sind die häufigsten Formen der Schizophrenie. Diese lässt sich bis in die Zeit der Hexenverbrennungen zurückverfolgen. Die gequälten Frauen drehten durch, schrien vor Qual und erzählten so verrückte Dinge, dass sie in den Augen ihrer Zeitgenossen wohl nur vom Teufel besessen sein konnten. Tatsächlich verloren sie vor lauter Todesangst den Verstand. Manche retteten sich in einen religiösen Wahn, denn der ließ am ehesten auf Milde der priesterlichen Folterknechte hoffen.

Das bekannteste Beispiel dafür ist die Nationalheilige Frankreichs, Johanna von Orleans. Johanna entwickelte etwas, das Psychiater heute als religiösen Wahn diagnostizieren würden. Sie wähnte sich von Gott beauftragt, sich an die Spitze des französischen Heeres zu stellen und die Engländer zu verjagen. Das kam dem französischen

König zu Pass, auch wenn er vermutlich wenig von Johannas göttlichem Auftrag hielt. Aber alles, was die Moral seiner geschlagenen Truppen heben konnte, sollte ihm recht sein. Es funktionierte: König Karl VII. erhielt sein Land zurück und Johanna wurde als Hexe auf dem Scheiterhaufen verbrannt, verurteilt von einem französischen Bischof. Seitdem ist sie das Vorbild für alle Frauen, die sich auf die Segnungen des Patriarchats einlassen. Die Logik ist bestechend: Johannas Weg führt am schnellsten in den Himmel.

Das waren die Karrieren, die den Frauen des Mittelalters winkten: Als Cheerleader die Truppen anzufeuern und im Erfolgsfall verbrannt zu werden. Da nimmt es nicht Wunder, dass sich viele ihres Lebens bedrohten Frauen gleich in den Wahn flüchteten. In diesem Fall wurden sie nur ins nächste Frauenkloster entsorgt und durften am Leben bleiben. Selbiges drohte sogar den mächtigsten Königinnen. Johanna die Wahnsinnige wurde von den Habsburgern ins Kloster gesteckt, weil sie nach dem Tod ihres geliebten Mannes verständlicherweise eine starke Trauerreaktion zeigte. Sie war zwar Königin von Spanien und von Burgund, das half ihr aber nichts. Beide Länder riss sich lieber ihr Sohn Karl V. unter den Nagel und begründete damit das Reich, in dem die Sonne nie unterging.

War Johanna von Spanien wahnsinnig? Eine Frage, die Historiker bis heute nicht klar beantworten wollen. Sicher war sie eine verbitterte Frau, die von ihren männlichen Verwandten entmachtet und 46 Jahre lang gefangen gehalten wurde, weil man sie aus Machtgründen für wahnsinnig erklärte. In so einer Lage würde jeder durchdrehen, aber im Gefängnis, im Kloster oder in der geschlossenen Psychiatrie nutzt einem das wenig.

Wenn man sogar mit der damals mächtigsten Frau Europas so umsprang, dann konnten sich die einfachen Frauen ausrechnen, was ihnen blühte, wenn die Inquisition ins Dorf kam. Die Frauen der Protestanten oder der Indigenen Amerikas kamen wohl gar nicht zum Nachdenken, wenn die mächtige spanische Armee in Mexiko oder im evangelischen Deutschland einmarschierte.

Schizophrene Patienten wurden bis vor kurzem weggesperrt, weil sie Realität und Fantasie nicht unterscheiden können und deswegen eine Gefahr für die Öffentlichkeit darstellen. Wohl eher ist aber die Öffentlichkeit eine Gefahr für die Schizophrenen. Dies zeigte sich deutlich in der UDSSR. Während der Zeit der stalinistischen Säuberungen konnte jeder umgebracht werden, selbst wenn er ein überzeugter Kommunist war. Dass die Leute damals paranoid wurden, ist eher ein Zeichen von gesunder Realitätseinschätzung als von Krankheit. Da sie aber trotz Verfolgung dem gütigen Väterchen Stalin zujubeln mussten, um am Leben zu bleiben, waren Realität und Fantasie völlig ins Gegenteil verkehrt. Da kann man schon mal den Verstand verlieren oder in der kollektiven Wahrheitsverdrehung paranoid werden.

Frauenklöster waren ein gängiger Weg, kluge und aufmüpfige Frauen unschädlich zu machen. Dass die Äbtissin Hildegard von Bingen einen Einfluss gewann, der heute noch die Ganzheitsmedizin beeinflusst, war die Ausnahme von der Regel. Die schädliche Wirkung solch katholischer Indoktrination hat Ringel (1993) noch in den 1980er Jahren dokumentiert. Ich selbst erinnere mich an den Beichtunterricht, als wäre es gestern gewesen. War ich vorher ein fröhliches Kind, so konnte ich danach vor lauter Angst vor der Hölle, den Todsünden und der ewigen Verdammnis abends nicht mehr einschlafen.

Soziale Ängste waren damals durchaus real: Junge schwangere Mädchen wurden verteufelt und in Heime gesteckt, Selbstmörder galten als verdammt, uneheliche Kinder als Menschen 2. Klasse. Besonders hart traf dies die ledigen Kinder von Priestern. Wenn der Pfarrer gegen Unkeuschheit wetterte, dann spürten jene bewusst oder unbewusst, dass sie Kinder der Sünde ihres Vaters waren, den sie aber auf keinen Fall auf diesen Widerspruch ansprechen durften. Dies ist ein klassisches Double-Bind, das zur Schizophrenie prädisponiert.

In den letzten 30 Jahren flogen unzählige Missbrauchs- und Korruptionsskandale durch kirchliche Würdenträger auf. Diese wurden bis 2010 (wie in all den Jahrhunderten davor) vertuscht und werden, wenn sich nichts mehr vertuschen lässt, „intern“ geregelt, indem ein Bischof den anderen visitiert und der Papst das Ergebnis dann unter Verschluss hält.

Spätfolgen der katholischen Indoktrination

Jüdische Gelehrte, die an die kirchlichen Dogmen nicht glauben müssen, lösten seit der Reformation wissenschaftliche Revolutionen aus, weil sie fernab der genannten Indoktrination ausgebildet wurden. Bald folgten ihnen Wissenschaftler aus ganz Europa, die sich nicht mehr für dumm verkaufen lassen wollten. Die Aufklärung im 18. Jhdt. befreite Europa vom Diktat der katholischen Dogmatik und leitete ein Zeitalter der Vernunft ein.

Die Gegenreformation schläft aber bis heute nicht. Zwar sind die Zeiten von „Roma locuta, causa finita“ vorbei. Man kann heute Wissenschaftler nicht mehr zu Ketzern erklären und auf dem Scheiterhaufen verbrennen. Dennoch wirkt die dogmatische Indoktrination der katholischen Manipulierer noch immer nach.

Das Patriarchat der Neuzeit macht Zugeständnisse. Man lässt das Wort Gott weg und lenkt die Welt durch Ideologien, die vorgeben, die einzige Wahrheit zu sein. Ideologien sind unumstößliche Wahrheiten, die von einem Gründer oder einer Gründergemeinschaft in die Welt gesetzt werden und nicht hinterfragt werden dürfen. Also so etwas wie Religionen in pseudowissenschaftlichem Gewande.

Die nationalsozialistische Ideologie wurde mit der arischen Überlegenheit und dem Willen des Schicksals begründet (50 Mill. Menschen mussten dafür sterben)

Die kommunistische Ideologie samt Diktatur des Proletariats hat sich als Diktatur von Despoten entlarvt. Vor allem hat ihr Anspruch auf gerechte Güterverteilung völlig versagt. (Ein Blödsinn, für den 80 Mill. Menschen starben)

Als Sieger blieb 1991 die kapitalistische Ideologie der unsichtbaren Hand des Marktes übrig, die angeblich genug Güter für alle produziert. Tatsächlich ist diese Lehre unschlagbar in der Produktion von Gütern. Mit dem „für alle" hapert es aber gewaltig. (Stirbt für diesen Blödsinn gerade der ganze Planet?)

Wenn sich Widersprüche auftun, antwortet das Patriarchat mit einer Verschärfung der Ideologie, die Kritiker immer wütender bekämpft: der Nationalismus fand seinen Hitler, der Kommunismus seinen Stalin, der Kapitalismus seinen Milton Friedman. Letzterer ist für unser gegenwärtiges Globalisierungsschlamassel verantwortlich. Er erfand die Wirtschaftsdogmatik des Neoliberalismus und die totale Marktentfesselung ohne jede Rücksicht auf Verluste, Verarmung oder Umweltzerstörung. Der Neoliberalismus ist vor allem ein effizientes Instrument, um die Reichen immer reicher zu machen und die Massen immer dümmer, damit sie sich den Schwindel gefallen lassen und nicht revoltieren.

Dazu braucht es natürlich eine konzertierte Aktion der Mächtigen, denn die Menschen sind nicht von Natur aus dumm und spüren sehr wohl, was läuft. So greift die kapitalistische Machtelite auf die

Strategien der Desinformation zurück, die in 6.000 Jahren Patriarchat erprobt, diversifiziert und perfektioniert wurden.

Die Machteliten bezahlen für diese Desinformation Millionen Angestellte: Geheimagenten, Lobbyisten, bezahlte Experten, Think Tanks, Wissenschaftler, die bestellte Studien liefern, Juristen und Politiker, die für die richtigen Gesetze sorgen. Das zentrale Mittel der Desinformation ist die Verdrehung der Wahrheit. Man erkennt sie daran, dass eine gespürte Wahrheit in ihr Gegenteil verkehrt wird (Werlhof 2011).

George Orwell bezeichnete in seinem Roman „1984" die Lügen der Meinungsdiktatur als „Neusprech": Unterdrückung heißt dann Befreiung, Zensur heißt Harmonisierung, Kritik heißt Verschwörungstheorie. Von außen erkennen wir Neusprech leicht und lachen lauthals, wenn Putin die Besetzung von Krim und Ostukraine als berechtigten Aufstand von Einheimischen ohne russische Beteiligung schönredet. Den Neusprech von G.W.Bush von der Demokratisierung des Iraks und der Zerstörung nicht vorhandener Massenvernichtungs-Waffen erkannten wir erst, als die USA den Irak nachhaltig zerstört und damit dem IS Tür und Tor geöffnet hatten. Die meisten Amerikaner glauben Bushs „Wahrheit" noch immer und sind dabei ähnlich rational wie die gläubigen Papisten.

Größenwahn, die Krankheit der Patriarchen

Macht verdirbt den Charakter. Diese Binsenweisheit wird nicht weniger schrecklich, weil wir uns daran gewöhnt haben. Sie dient aber als Beweis dafür, dass alle idealistischen Ideen zum Scheitern verurteilt sind. Der Beginn einer Idee mag noch so schön und gut sein, kaum weitet sie sich aus, entstehen Machtstrukturen, Hierarchien und damit Unterdrückungsmechanismen.

Dies liegt aber keineswegs an der Natur des Menschen, sondern in der Natur der Hierarchie. Wer mächtig ist, setzt seinen Willen durch und wird durch niemand so korrigiert, wie es in einer Diskussion auf gleicher Ebene der Fall ist. Der Patriarch bestätigt sich ständig selbst seine Ideen und gestaltet danach seine Umwelt. Seine Wirkung potenziert sich, negative Wirkungen werden ausgeblendet und ignoriert, Kritik wird verhindert. Auch die Berater des Mächtigen bestätigen ihn in seiner Meinung, denn sie wollen ja Karriere machen. Von da ist es nur mehr ein kleiner Schritt zum Größenwahn. Der Chef ist scheinbar klüger als alle anderen. Darum verlässt er sich nur mehr auf sich selbst und hält sich für den größten und klügsten Menschen aller Zeiten.

Dies lässt sich an allen mächtigen Männern der Geschichte beobachten. Napoleon und Hitler hielten sich nach einigen gewonnenen Schlachten für unbesiegbar. Sie verfielen dem Wahn so schnell, dass sie noch zu Lebzeiten zuschauen mussten, wie ihr grandioses „Werk“ in sich zusammenstürzte. Langdauernde Patriarchate verhinderten dies durch die Übergabe der Macht an einen Nachfolger, der das Machtsystem mit frischen Energien aufrechterhielt. So konnten die Patriarchen in der Gewissheit sterben, dass ihre Größe unwidersprochen für die Ewigkeit anhalten würde. Dies dokumentierten sie mit mächtigen Grabmälern, Pyramiden und Mausoleen.

Doch alle Macht ist vergänglich und die großartigen Bauten werden zu Ruinen. Bis es aber soweit ist, kann man in einem gigantischen Verdrängungsprozess die negativen Folgen patriarchalischen Handelns ausblenden. Bis heute. Kirchenhierarchien spielen dabei eine wichtige Rolle:

Jedes militärische Patriarchat hielt sich Priester und Tempelhierarchien zur geistigen Manipulation seiner Untertanen, um diese bei der Stange zu halten. Das war im alten Ägypten so, wo die Amun-Priester die reichsten Schätze des Landes verwalteten. Als Pharao Echnaton die Priester entmachtete, eroberten die innerhalb von 30 Jahren ihre Privilegien zurück und stürzten die Königsdynastie. Ähnlich mächtig waren die Magier in Babylon und Persien, die Brahmanen in Indien, die Mullahs im Kalifat. Allerdings konnten die ägyptischen Priester den Pharao nicht ersetzen, der blieb der Stellvertreter Gottes, von dem das Wohl des Landes abhing. Er musste dabei allerdings auf seine Priester hören, die den Willen Gottes interpretierten.

Der katholischen Kirche ist eine besondere Form des Größenwahns gelungen, die es zuvor noch nie gegeben hat. Der Papst ist der alleinige Stellvertreter Gottes auf Erden, nicht nur der Leiter einer Kirchenorganisation. Er verkündet und interpretiert den Willen des Allerhöchsten und ist dabei unfehlbar. Er darf nicht kritisiert werden und ist niemandem Rechenschaft schuldig. Egal, wie viele Millionen Menschen seine Herde umfasst, er muss deren Meinung nicht berücksichtigen, der Wille Gottes geht vor. Vor allem der vom Papst verkündete Wille Gottes. Das ist eine Perfektion von Macht, um die jeder Diktator den Papst beneidet. Entsprechend durchschlagskräftig wurde die Macht der Kirche.

Das aggressive europäische Patriarchat, das die ganze Welt mit Gewalt überzog, ist ein Werk der katholischen Kirche, die 1.700 Jahre lang ihren absoluten Machtanspruch immer radikaler ausbaute. Dies war sicher nicht im Sinne ihres Gründers.

1968 sah ich den Film „Menschenfischer““ von Pier Paolo Pasolini und war beeindruckt von der Botschaft Jesu. Die hat nur leider mit dem Wirken der Kirche wenig zu tun. Was brauchen die Katholiken denn noch, bis sie der Wirklichkeit ins Auge sehen? Missbrauchs- und Korruptionsskandale, Frauenfeindlichkeit, kirchlich angeordnete Genozide an Frauen, Andersgläubigen und ganzen Völkern, Kultur- und Naturzerstörung weltweit, Sexual- und Körperfeindlichkeit – das soll ein Fortschritt sein gegenüber den friedfertigen Naturreligionen?

Die indianische Religion von Mutter Erde braucht keine Priester, Bischöfe oder Paläste, keine Höllendrohung und keine bigotte Sündendoppelbödigkeit. Sie zerstört nicht die Erde, sondern bewahrt sie. Ihre Gebete heilen die Seelen, reinigen das Wasser und beleben die Erde. Die Religion von Mother Earth wäre heute die einflussreichste der Welt, wenn sie nicht von Katholiken und Puritanern beinahe ausgerottet worden wäre. Sie kennt keine Dogmen und keine Mächtigen, nur kluge SchamanInnen.

Was in der Antike als Wunder galt, ist heute keines mehr, dazu hat die Naturwissenschaft zu vieles erforscht. Die Wunder im Leben Jesu erklärt der Historiker Johannes Fried (2019) mit medizinischen Thesen, die ein Arzt etwa so formulieren würde: „Der Prediger Joshua, genannt der Nazarener, erlitt ein stumpfes Thoraxtrauma mit Pneumothorax auf Grund von Peitschenschlägen. Am Kreuz fiel er in ein CO_2-Koma, Drainage erfolgte mittels Lanzenstichs in die Seite, nach Abfließen von Lymphe und Blut setzte flache Atmung wieder ein. Kühlung in einem Grabraum führte zum Wiederaufwachen, Myrrhe-Verbände desinfizierten die Wunden. Der Patient kam zur Rehabilitation nach Ostsyrien, wo er sich erholte. Um eine Retraumatisierung durch römische Soldaten zu vermeiden, scheute der Patient die Öffentlichkeit und wurden in Jerusalem Gerüchte über Tod und Himmelfahrt des Joshua in die Welt gesetzt. Gerüchten zufolge hat sich Joshua nach Indien abgesetzt."

II. Die Sünden

Es sollte noch schlimmer kommen

Nachdem Theodosius der Große das Christentum 380 nZ zur alleinigen Staatsreligion gemacht hatte, kannte die Machtgier der Bischöfe keine Grenzen. 412 nZ wurde der Heilige Kyrill, der Kirchenvater des Ostens, Patriarch von Alexandria. Wie schon sein Vorgänger intrigierte er gegen den Patriarchen von Konstantinopel, um dessen Vorherrschaft in der Christenheit zu brechen. Dazu musste er vor allem die Macht in Ägypten an sich reißen, wo es neben den Orthodoxen noch 3 andere Glaubensgruppen gab. In einem gelungenen Putsch entmachtete Kyrill die christlichen Novatianer, trieb die Juden aus der Stadt, stürzte den römischen Statthalter Orestes, nachdem dessen von Kyrill angeordnete Ermordung schief gegangen war und ließ Hypatia hinrichten, die Rektorin der Universität und Führerin der griechischen Philosophen. Danach war er bis zu seinem Tod Alleinherrscher in Alexandria und kurze Zeit der Papst aller Christen, denn das war das Ziel all seiner Intrigen und Morde. Das Unrecht an Hypatia, die versuchte, zwischen den Parteien Frieden zu stiften, beschäftigt die Menschen bis heute (Chotjewiez 2002).

Patriarch Kyrill war kein Einzelfall, sondern wusste sich in guter Gesellschaft Gleichgesinnter, die ähnlich dachten und handelten wie er. „Ein Christ kann keine Verbrechen begehen, weil er für die richtige Sache kämpft“, postulierte einer der Bischöfe und entschuldigte damit alle Gewalttaten. Die britische Historikerin Catherine Nixey (2019) entzaubert die Mythen vom friedfertigen, verfolgten Christentum der Antike. Es war genau umgekehrt. Kaum hatte Kaiser Konstantin das Christentum im Edikt von Mailand (313 nZ) als erlaubte Religion zugelassen, kamen schwarzgekleidete Fanatiker aus den Wüsten Syriens und Ägyptens, zerstörten Tempel und Statuen in Palmyra, später in Alexandria. Intolerante Fanatiker verbreiteten das Christentum, übten Gewalt aus gegen alle, die sich nicht bekehren lassen wollten, zerstörten Tempel und Kultgegenstände, verbrannten die Bücher in den Bibliotheken. Nach 100 Jahren hatten sie alle Andersgläubigen im römischen Reich verdrängt, unter Anwendung von Gewalt und Terror. Laut den Forschungen Nixeys waren es vor allem Christen, die die antike Zivilisation mit ihrer Ästhetik, ihrem Wissen und ihrer Philosophie zerstörten.

Dieses Wissen ist nicht neu. Bereits der Altmeister der antiken Geschichtswissenschaft, Edward Gibbon, schilderte 1788 in seinem 6-bändigen Hauptwerk, wie fanatisch die Christen gegen Andersgläubige vorgingen, untereinander in ihren Sektenkämpfen waren sie noch grausamer. Märtyrer gab es in den ersten 300 Jahren nur einige hundert, die Zahl wurde später maßlos übertrieben. Schon in der Aufklärung lösten diese bekannten Fakten die erste Welle der Kirchenkritik aus.

Ab dem 6. Jhdt.nZ wurde die Kindertaufe eingeführt und damit die Macht der Kirche perpetuiert. Wie kommen unmündige Kinder dazu, in einem Glauben indoktriniert zu werden, den sie noch in keiner Weise beurteilen können? Das stellen heute viele Eltern in Frage, die wollen, dass ihre Kinder die Chance haben, ihre eigene Entscheidung zu treffen. Die zwangsgetauften Kinder mussten als Erwachsene für alles einstehen, was die Kirche der Welt an „Barmherzigkeit“ angedeihen ließ. Ein Beispiel für solch "christliches" Verhalten, für das ein ganzer Kontinent bis heute büßt:

Bei der ersten Begegnung zwischen Pizarro und Atahualpa gab ein fanatischer Mönch dem Inkakönig die Bibel in die Hand, mit der Aufforderung, sich zum wahren Glauben zu bekennen. Da Atahualpa weder verstand noch wusste, was eine Bibel ist, warf er das Buch achtlos in den Staub. Das war das Todesurteil für ihn und alle seine Völker, denn für den Mönch war damit bewiesen, dass der König des damals größten Reiches der Welt ein gottloser Ketzer war, den man betrügen und umbringen durfte, ebenso wie diese "falsche" Handbewegung als Legitimation für millionenfachen Genozid an allen Andenvölkern herhalten musste. Die Nachfahren des Fanatikers und der spanischen Mörder beherrschen Südamerika bis heute und begehen immer noch Genozide an den letzten überlebenden indigenen Völkern, von der Natur ganz zu schweigen. Es ist ihnen noch nie der Gedanke gekommen, dass sie im Unrecht sind und etwas wiedergutzumachen haben. Seit 500 Jahren ist den Päpsten nur wichtig, dass durch diese Vergewaltigung eines ganzen Kontinentes der Katholizismus zur größten Weltreligion aufgestiegen ist. Da kann man sich auch nicht darauf ausreden, dass vor 500 Jahren die Menschen es nicht besser wussten, denn bis heute zieht niemand die Konsequenzen. Ein einsichtiger Papst müsste sofort alle Priester aus Lateinamerika abziehen, die Kirchengüter den Indianern zurückgeben und tausende Male um Vergebung für all diese Verbrechen bitten. Danach würde man vielleicht wieder ernst nehmen, was er sagt.

Die „Verteidigung des wahren Glaubens" ist nur aus Gründen des patriarchalischen Machterhalts erklärbar: Mit Gold und Silber, das in Amerika durch Indianersklavenarbeit geschürft wurde, wurden von 1519 bis 1648 die Söldnerheere der Gegenreformation bezahlt, die alle protestantischen Gebiete Europas verwüsteten. Das war die erste globale Unterdrückungsmaschinerie, die mit Gold aus Amerika geschmiert wurde und die Macht des Papstes und der Habsburger gegenüber dem Aufstand ihrer Untertanen sicherte. "Ich werde dich schon katholisch machen" - dieser Spruch stammt aus der Zeit des Dreißigjährigen Krieges und bedeutete, den Protestantismus aufzugeben oder ermordet zu werden. Fast ganz Österreich war zur Zeit des Johannes Kepler protestantisch. 1648 waren alle Protestanten südlich des Mains "verschwunden", ebenso wie 90% der indigenen Völker Amerikas. Sogar vor Asien machten die Folterknechte nicht halt, 1571 eroberten sie die Philippinen. Die brauchte man als Zwischenstation, um mit Silber aus Potosi/Bolivien Luxusgüter aus China für die reichen Fürsten

Europas zu kaufen. Die Bauern wurden bis zum Verhungern ausgebeutet, wenn sie sich wehrten, gnadenlos getötet. Als die Indianersklaven "ausgingen", weil sie in der Sklavenarbeit alle starben, wurden Millionen Sklaven aus Afrika nach Amerika transportiert, die reichen afrikanischen Königreiche Mali, Songhai und Kanem zerbrachen an diesem Aderlass. All dies war für die "Verteidigung des Glaubens" notwendig und "gottgewollt". Wer in den Vatikanischen Museen die grenzenlosen Schätze der Päpste bewundert, sollte an die Millionen Opfer denken, die für den Reichtum der Kirche sterben mussten.

Nicht ohne Grund bezeichnete Martin Luther den Papst als den Anti-Christen und die Stadt Rom als die sündige Hure Babylon. Seinen Anhänger ging es aber nicht nur um den Glauben, denn Christen waren ja alle, sondern um die Kirchensteuern, die Katholiken an den Papst abliefern mussten; Protestantismus bedeutete vor allem Befreiung von dieser unmenschlichen Ausbeutung. Die Französische Revolution war eine Auflehnung gegen den Adel und den Klerus, die in seliger Eintracht gemeinsam das einfache Volk bis zum Verhungern aussaugten. Alle Reformbestrebungen der Kirche helfen wenig, wenn Kindesmissbrauch, Frauenverachtung und Bigotterie bis heute andauern. Was Papst Franziskus derzeit versucht, kommt 500 Jahre zu spät. Millionenfache Morde, Ausrottungen, Folterungen, Ketzerverbrennungen, Vertreibungen Andersdenkender, Judenpogrome, Zerstörung indigener Kulturen, Zwangsmissionierungen, Korruption, Machtmissbrauch, unnötige Verängstigung unschuldiger Kinder und vieles mehr - das alles hat mit Glauben und Spiritualität nichts zu tun. Zuerst Verbrechen begehen und hinten nach von "Barmherzigkeit" zu reden, ist für mich, gelinde gesagt, nicht glaubwürdig. Wenn die Kirche vor der eigenen Türe kehren würde, statt alle Welt zu belehren, könnte man ja noch darüber reden. Aber dafür sehe ich keinerlei Anzeichen.

Kulturelle Zerstörung

Heute kann man alles, was Menschen an Wissen geschaffen haben, als kulturelles Welterbe schützen lassen. In den letzten 1.600 Jahren wurde ein Großteil unseres kulturellen Welterbes von einer einzigen kriminellen Vereinigung vernichtet – der katholischen Kirche. Wo immer diese zur Bekehrung schritt, wurde alles zerstört, was die Priester in die Hände bekamen (Bergmeier 2018).

Es begann mit der hellenistischen Kultur, die heute von den Freunden der Antike so sehr bewundert wird. Seit 50 Jahren besichtige ich antike Tempel, Theater, Thermen, Bibliotheken, Odeen und Amphitheater. Man kann heute noch deren Geist und Luxus ahnen, obwohl sie alle zerstört und verfallen sind. Nach allgemeiner Meinung sind die bösen Germanen an diesem Zerstörungswerk schuld, weil sie in der Völkerwanderung alles raubten, was sie in die Finger bekamen.

Doch das stimmt nicht. Die Germanen wollten in die römische Kultur integriert werden und von ihr profitieren. Germanenführer machten sich zu Königen von Provinzen, die weiterhin römisch blieben. Unter Ostgoten, Westgoten und Vandalen erlebte die antike lateinische Kultur einen letzten Aufschwung, weil…

…. diese Germanen keine Katholiken waren, sondern Arianer. Laut Arius war Jesus ein Mensch, das arianische Christentum war daher ein viel menschlicheres, das die Germanen besser verstanden als den machtgierigen Katholizismus. Anders als die theokratischen Weströmischen Kaiser der Endzeit, handelten Eurich, Geiserich und Theoderich pragmatisch, begrenzten die Macht der Katholischen Kirche und waren von der Bevölkerung leidlich akzeptiert. Es gab keinerlei Proteste und keine Versuche, sie wieder loszuwerden. Die Germanenreiche fielen erst durch Angriffe der Byzantiner und der Araber, das überlebende Frankenreich wurde zum bejubelten Nachfolger Roms.

Es gab auch gar nichts mehr, was die Germanen zerstören hätten können, die Zerstörung begann lange vorher durch römische Generäle und christliche Bischöfe. In endlosen Bürgerkriegen um die Macht ruinierten Kaiser und Usurpatoren Roms militärische Kraft. Allein der „christliche“ Konstantin und seine Familie waren für 50 Jahre Bürgerkrieg verantwortlich. Die Bischöfe waren die Profiteure dieser Entwicklung, als Handlanger der Kaiser setzten sie in deren Windschatten den Katholizismus als einzige Wahrheit durch.

Als erstes mussten dabei alle anderen christlichen Richtungen ausgeschaltet werden. Nicht nur die Arianer, sondern auch Monophysiten, Nestorianer, Donatisten, Pelagianer, Gnostiker und viele andere mehr wurden allesamt zu Ketzern erklärt und verfolgt. Der Katholizismus entstand durch die Machtübernahme der kaisertreuen Kollaborateure und festigte sich durch eine kulturelle Verarmung der christlichen Bewegung. Nestorianer und Thomaschristen flohen nach Asien und feierten in Persien, China und Indien große Erfolge, in Äthiopien überlebten die Monophysiten bis heute.

410 nZ war das soweit geklärt: Rom war katholisch und nur katholisch. Jetzt kamen die Heiden dran: Das waren alle griechischen Philosophen und Weisheitslehrer, die sich nicht zum Katholizismus bekehren lassen wollten. Deren Universitäten wurden geschlossen, ihre Schriftrollen verbrannt, ihre Bibliotheken zerstört. Nach 410 gab es in Alexandria, der einst größten Gelehrtenstadt der Antike, nur mehr katholische Hagiographien zu lesen. Im ganzen Reich gab es die historisch größte Welle von Bücherverbrennungen, da waren die Nazis Waisenknaben dagegen. Zerstört wurden auch die wunderschönen antiken Tempel. Einige wenige kann man heute noch bewundern, weil sie als christliche Kirchen genutzt wurden, z.B. das „Maison Carree“ von Nimes. Die Spiele in den Kollosseen wurden eingestellt, auch mit dem antiken Theater war es vorbei. Unter Kaiser Justinian schließlich wurde

alles nicht-christliche Wissen verboten, das war auch das Ende der griechischen Wissenschaft.

Es ist ein Propaganda-Coup Trump´schen Ausmaßes, dass sich die Kirche als Hort des Wissens verkauft, der in den mittelalterlichen Klöstern das antike Wissen bewahrt hätte. Klappte gut, denn es war ja in der lateinischen Welt außerhalb der Kirche kein Wissen mehr vorhanden. Lediglich in Irland, fern von Rom, hatten die keltischen Mönche einige Handschriften bewahrt, die sie nach Mitteleuropa brachten. Erst Thomas von Aquin entdeckte die Werke von Aristoteles wieder neu und integrierte sie in die katholische Scholastik. Da waren aber schon 800 Jahre ins Land gezogen und es gab nicht mehr viel zu finden. Die Vernichtung der antiken Wissenschaft hatte man inzwischen den Römern, Germanen und Arabern in die Schuhe geschoben. Laut unseres Schulwissens wurde die Bibliothek von Alexandria von Caesar, der Rest vom 3. Kalifen angezündet. Eine glatte Lüge, die sich bis heute gehalten hat. Das zerstörte Wissen wurde erst im Spätmittelalter wiederentdeckt, Araber aus Spanien und byzantinische Gelehrte aus Konstantinopel brachten es nach Europa.

Die Historikerin Daniela Negwer sieht einen Zusammenhang zwischen der Macht der Kirche und dem Verfall des Staates. Die katholische Kirche spaltete sich nämlich in 2 konkurrierende Richtungen auf: Die Papst-Kirche als Nachfolgerin Westroms und die Orthodoxie als Kirche des byzantinischen Reiches. Der christliche Glauben war im Westen und im Osten der gleiche. Die Byzantiner bewahrten das antike Wissen und entwickelten es weiter, die Orthodoxe Kirche blieb ohne Macht. Die katholische Kirche wurde zur mächtigen Staatskirche, das weströmische Reich zerfiel und konnte trotz vieler Versuche nicht wiedererrichtet werden, das wusste der Papst zu verhindern, denn er allein war der Nachfolger der römischen Kaiser, von Gottes Gnaden der Stellvertreter Christi auf Erden. Ich weiß schon, ein Schelm, der da Böses denkt, schuld waren natürlich die ungebildeten gottlosen Germanen, roma locuta, causa finita. Seit dem gottgewollten Sieg der Kirche wissen wir ja, dass alles Schöne, Gute und Heilige nur von der Heiligen Kirche kommen kann (Bergmeier 2018).

Die destruktive Geistvernichtungs-Dampfwalze

Die Germanen (also wir Deutschen), die ja bekanntlich an allem schuld sind, waren die nächsten Opfer. Ihre primitiven gottlosen Plätze in der Natur wurden entweiht, ihre heiligen Bäume gefällt, ihre Pflanzenkunde für des Teufels erklärt. Die alten Rituale, die die Völker und Stämme über Jahrtausende zusammengehalten hatten, waren fortan Teufelsanbetung, die alten Götter wurden zu bösen Dämonen. Zwar waren vor allem die Schamaninnen wenig von den Pfaffen beeindruckt und hielten den Jahreskreis aufrecht, wie sie es immer getan hatten. Das hatte den Vorteil, dass man sie jederzeit als Hexen umbringen konnte. Diejenigen, die überlebten, ließen sich auf einen Kompromiss ein. Die weiblichen Göttinnen wurden zur Mutter Jesu in vielerlei Gestalt umgedichtet, die männlichen Götter zu Heiligen und Helfern des Herrschers der Welt, Jesus Christus. Dann wurde man vielleicht in Ruhe gelassen, denn die Könige und Bischöfe wollten ja nicht alle ihre Untertanen umbringen, wen hätten sie dann noch ausbeuten können?

Germanen ohne kaiserliche Oberherrschaft blieben aber völlig beratungsresistent. Die heidnischen Sachsen musste der Heilige Karl der Große 30 Jahre lang niedermetzeln, dezimieren und demütigen, bis sie endlich den Segen der christlichen Taufe verstehen wollten. Mit dieser Art der militärischen Zwangsbekehrung war ein Modell geschaffen worden, das sich mit größtem Erfolg auf jedes Volk der Erde anwenden ließ. Es wurde weltweit exportiert:

In den letzten 500 Jahren wurde das Zerstörungswerk der Kirche auf die ganze Welt ausgedehnt durch eine Einrichtung, die zu Unrecht von sich behauptet, das Heil zu den Armen zu bringen: Die katholische Mission, die ein Zerstörungswerk sondergleichen angerichtet hat und bis heute nicht begreifen will, welchen Schaden sie verursacht hat.

Am umfassendsten war dieses Zerstörungswerk in Mexiko und Peru. Das Wissen von drei der bedeutendsten menschlichen Zivilisationen wurde vernichtet und ausradiert.

Die ventesimale Mathematik der Maya, die Codexe der Azteken und die Zyklopenbaukunst der Inka sind verloren, 3 Weltkulturen zerstört, weil die Missionare alle „heidnischen“ Kulturgüter verbrannten oder einschmolzen.

Neben diesen bekannten Beispielen gibt es tausende weitere. Jedes Naturvolk, das „bekehrt“ wurde, verlor sein einzigartiges, auf die jeweilige Umweltökologie abgestimmtes Wissen. Medizinische und geistige Methoden tausender Völker gingen verloren, wurden durch einen Einheitsbrei ersetzt, der für das Judäa des 3. Jahrzehnts nZ richtig war, für alle anderen Orte und Zeiten aber falsch und destruktiv ist.

Welch ein Wahnsinn! Ein Drittel der Menschheit wurde gezwungen, nach Dogmen zu leben, die zufällig im 4. Jhdt. nZ gewaltsam die Oberhand erlangten, oder erst im päpstlichen Machtkampf des 12. Jhdt. Die Missionare dürfen immer noch ungestraft fortfahren und weiterhin ein Naturvolk nach dem anderen geistig ruinieren. Das ist schon den germanischen und keltischen Stämmen Europas schlecht bekommen, die seit diesem spätantiken Trauma des Traditions- und Identitätsverlustes zu den grausamsten Völkern der Welt herangewachsen sind.

Die Missionare werden nicht ruhen, bis auch das letzte Naturvolk dieser Erde zerstört ist.

Lateinamerika

Lateinamerika ist seit 500 Jahren der am stärksten unterdrückte Kontinent der Welt. In ihrer Gier nach Gold und Silber haben Spanier und Portugiesen die indigenen Kulturen zerstört, die Völker beinahe ausgerottet und die Überlebenden 300 Jahre lang bis zum letzten Tropfen Blut ausgepresst. Als die Kolonialherren, von Napoleon besiegt, schließlich abziehen mussten, besorgten die einheimischen Eliten deren Job und beuteten die Indios, Mestizen und Mulatten noch effizienter aus, als die iberischen Herren es je taten. Diesmal im Bunde mit den amerikanischen Konzernen und der US-Navy. Revolutionen und Befreiungsbewegungen wurden im Keim erstickt, wenn sie die lukrativen Wirtschaftsströme gefährdeten. Und das taten sie eigentlich fast immer.

Kolonialismus und Neokolonialismus blockierten 500 Jahre lang die Entwicklung des Kontinents. Den Indios wurde zu Kolumbus´ Zeiten ihr gesamter Besitz gestohlen und alle Rechte abgesprochen. Die Angehörigen ganzer Stämme stürzten in die Armut und blieben dort bis heute. Die spanische Besatzungsarmee hatte die Aufgabe, die Unterdrückung der Eingeborenen abzusichern. Aufstände wurden blutig niedergeschlagen oder im Keim erstickt. Das Leben eines Indios oder Mestizen war keinen Pfifferling wert, wenn er es wagte, aufzubegehren. An dieser Funktion der Armee änderte sich auch nach der Unabhängigkeit nichts. Die Armee unterdrückte weiter die Schwachen, nur nicht mehr im Dienst der Spanier, sondern für die einheimischen Eliten, die sich weiterhin bereicherten. Da die Angehörigen der Eliten meist Kreolen, also Nachfahren der weißen Spanier waren, blieben die Unterdrückungsstrukturen unverändert erhalten bis in die 1970er Jahre, als in Chile, Argentinien und Brasilien das Militär putschte, um den Status quo durch Diktaturen abzusichern.

Der Kirche oblag der geistige Teil der Unterdrückung. Alles einheimische Wissen galt als heidnisch und primitiv und wurde den Indigenen ausgetrieben. Alles was Obrigkeit und Oberschicht taten, war hingegen angesehen und gottgewollt. Nahmen die Reichen den Indianern den Boden unter den Füßen weg, so verwirrten die Priester auch noch ihre Köpfe. Und sollten manche trotz allem frech werden, wurden sie angehalten, ihren Peinigern auch noch die andere Wange hinzuhalten, denn das tun gute Christen nun mal, nur die Mächtigen sind von dieser Regel ausgenommen, die dürfen alles.

500 Jahre Unterdrückung – eine unvorstellbar lange Zeit. Denken wir daran, was sich seit Kolumbus in Europa alles verändert hat, sozial, wirtschaftlich, politisch. Vor 500 Jahren rebellierten Europas unterdrückte Bauern – heute haben Arbeiter gewerkschaftlich verbriefte Rechte, Eigenheime und Zugang zu Universitäten. Für Lateinamerikas unterdrückte Indios hingegen hat sich kaum etwas geändert.

500 Jahre Leid und 500 Jahre aufgestaute Wut. Das gestohlene Land wurde nie zurückgegeben, die indigene Kultur nie wieder in ihr Recht eingesetzt. Die Mayas, die einst riesige Tempel bauten, gibt es immer noch im Dschungel Guatemalas und ihre Bräuche leben noch fort. Wann immer aber sie sich erholen und selbstbewusst werden, werden sie von der guatemaltekischen Armee bekämpft.

Heute haben die neo-imperialistischen USA die Ausbeutung des lateinamerikanischen Kontinents übernommen, den sie als ihren Hinterhof ansehen. Niemand fragt die Lateinamerikaner, ob es ihnen gefällt, Amerikas Hinterhof zu sein. Hinterhof, das klingt nach Schmutz und Schmuddelkindern. Keinesfalls nach Wertschätzung auf Augenhöhe.

Dabei waren die Nationen Lateinamerikas schon ewig da. Mexiko und Peru stellten 3.000 Jahren lang hochwertige Kulturnationen, als die Indianer noch Büffel jagten. Die spanischen Konquistadoren fanden Unmengen Gold und Silber, als die englischen Bauern noch in Holzhütten lebten.

1821 war dies alles längst vorbei. Inkas und Azteken waren verschwunden, sogar die Kolonialreiche Spaniens und Portugals waren zerfallen und die USA die neue aufstrebende Nation. Präsident Monroe erklärte Lateinamerika zur Interessenssphäre der USA, aus der sich die Europäer gefälligst herauszuhalten hätten. Mehr und mehr wurde aus deklariertem Interesse reale Macht. Die US-Armee intervenierte nach Lust und Laune, setzte Regierungen ab und andere ein, sicherte Märkte für amerikanische Konzerne. Kuba, Haiti, Puerto Rico, Mexico, Nicaragua, Panama, Kolumbien, Chile - die Liste der Opfer amerikanischer Außenpolitik ist lang. Lateinamerika hatte den Kolonialismus abgeworfen, nur um Opfer des Neokolonialismus zu werden. Es war viel billiger, Eliten einzusetzen, welche die Länder im Sinne der USA regierten, als die Länder selbst militärisch zu erobern. Eine kurze Intervention des CIA genügte, um die jeweiligen Regierungen bei der Stange zu halten oder notfalls neue einzusetzen. Pinochet gegen Allende, war doch klar, wer Amerikas Segen hatte. In all diesen Konflikten, all diesen himmelschreienden Gewalttaten an Unterdrückung, Morden und Versklavung war die katholische Kirche immer auf der Seite der Mächtigen. Wenn ein paar Jesuiten den Indianern helfen wollten, dann pfiff der Papst sie zurück und lieferte ihre Reduktionen den Sklavenhändlern aus. Wenn brasilianische Befreiungstheologen die Rechte der Indianer verteidigten, dann wurden sie von der Kurie als kommunistische Umstürzler diffamiert.

Lateinamerika stöhnt seit 500 Jahren unter einer Besatzungsmacht der Großgrundbesitzer, der Agro-Konzerne und der Bischöfe. Kein Wunder, dass dieser Kontinent nicht vom Fleck kommt. Für die Kärntner im Süden Österreichs reichte eine kurze slowenische Besetzung aus für den Kärntner Abwehrkampf, den Kärntner Ortstafelsturm und 100 Jahre an Ressentiments gegenüber den Slowenen. Was würden die Kärntner nach 500 Jahren Slowenen-Herrschaft tun? Gemütlich und friedlich wären sie wohl kaum.

Mexiko

1519 nZ war Tenochtitlan das Zentrum des Aztekischen Reiches und die damals prächtigste Stadt der Welt, umgeben von fruchtbaren Gärten und einem riesigen See. Unzählige Stufenpyramiden ragten zum Himmel empor und zeugten von einer zugleich kämpferischen und spirituellen Kultur. Kaiser Moctezuma beeindruckte mit seiner Erscheinung, seinen prächtigen Gewändern und seiner bunten Federkrone,

Wenige Jahre später war es mit dieser Herrlichkeit vorbei. Die Stadt war zerstört, der See zugeschüttet, Moctezuma tot und seine Krone liegt seitdem in einem Wiener Museum. Die Codexe und Kultgegenstände waren von katholischen Mönchen ins Feuer geworfen worden.

Um die nationale Katastrophe Mexicos begreifen zu können, müssen wir uns vorstellen, dass das österreichische Kaiserreich 1918 nicht nur zerfallen, sondern auf Dauer von Barbaren besetzt, all seine Kirchen und Schlösser zerstört und seine Bewohner zu einer exotischen Religion zwangsbekehrt worden wären, sowie dass die nächsten 400 Jahre keine Chance bestünde, an diesem jämmerlichen Zustand der Österreicher irgendetwas zu ändern. Der Vergleich ist nicht so weit hergeholt, wie Sie vielleicht denken, da Mexico und Österreich lange Zeit mit denselben Mitteln von denselben Habsburger-Kaisern regiert wurden.

Wenn schon der Verlust der Großmachtstellung ausreichte, um ganz Österreich depressiv zu machen, wie sehr hätte eine solche Unterdrückung unser Selbstbewusstsein zerstört? Auch wenn die spanischen Konquistadoren die Mexikaner als gottlose Wilde ansahen, die man einfach abschlachten konnte, so waren sie dies keineswegs. 3.000 Jahre lang hatten die Olmeken, Tolteken und Mayas prächtige Hochkulturen geschaffen, erbrachten diese Völker mathematische, astronomische und soziale Leistungen, von denen die Europäer nicht einmal träumten. Sie züchteten den Mais, die weltweit nahrhafteste Pflanze und heute größte Waffe im Kampf gegen den Hunger, erbauten Pyramiden in weitaus größerer Zahl als die alten Ägypter. Sie hatten nur das Pech, den Arkebusen, Kanonen, Pferden und Pocken der Spanier wenig entgegensetzen zu können.

Wenn eine Kultur untergeht, die Menschen aber bleiben und ihre Kultur nicht leben können, dann erzeugt dies einen kollektiven Zustand der Depression. Von Zeit zu Zeit überwand Mexiko diese Niedergeschlagenheit, erhob sich im Freiheitskampf von 1820 und in der Revolution von 1911. Aber auch als die Spanier vertrieben wurden, nutzte dies wenig. Die US-Amerikaner übernahmen deren Part, kassierten 1848 ein Drittel Mexicos und beuteten das Land wirtschaftlich aus. Die Franzosen setzten erneut einen Habsburger als Kaiser ein, Diktatoren kamen und gingen. In der Revolution von 1911 siegte das Volk und dennoch änderte sich nichts. Die Reichen blieben reich und die Armen wurden weiterhin ausgebeutet.

Inzwischen hat Mexiko einen beispiellosen wirtschaftlichen Aufstieg geschafft. Carlos Slim, einer der reichsten Männer der Welt, hat gerade die österreichische Telekom gekauft – eine späte „Rache" am Land der Habsburger. Dennoch: die Jahrhunderte der Gewalt wirken nach und prägen das Land bis heute. Drogenkriege, Schießereien auf offener Straße, Städte, in denen kein Polizist überlebt, Menschenhandel, Erpressung. Europa hat viel wiedergutzumachen, bis Mexicos Kultur wieder in altem Glanz erstrahlt.

Peru und Bolivien

Im Jahr 1530 lag das damals größte Land der Erde in Südamerika. Die Inka von Cuzco hatten in kaum 100 Jahren ein Reich geschaffen, das in puncto Verwaltung, Ausdehnung, Straßennetz und militärischer Schlagkraft dem römischen Kaiserreich in nichts nachstand. In puncto sozialer Gerechtigkeit übertraf es alles, was Europa je gesehen hatte. Kunstvoll gewebte Stoffe, Goldschmuck, nahrhafte Pflanzen wie die Kartoffel, Terrassen bis auf 4.000 Meter Höhe – es ging den Indios gut, bis die Spanier kamen, die goldenen Kunstschätze einschmolzen, die Bevölkerung dezimierten und das Land veröden ließen. Noch nach Jahrhunderten fand man verlassene Inka-Städte im Dschungel, noch heute sieht man künstlich angelegte und lang überwucherte Steinterrassen in den entlegensten Bergregionen. In ihrer Überheblichkeit vernichteten die Spanier Fähigkeiten, die unwiederbringlich verloren sind, wie die Technik, Steine so zu bearbeiten, dass sie ohne Mörtel erdbebensichere Mauern ergeben.

Die meisten Peruaner starben an den Pocken, die ärger wüteten als die Pest in Europa. Die Überlebenden verloren ihre Ländereien an die neuen Herren, arbeiteten unter unmenschlichen Bedingungen auf den Feldern oder in den Silberminen von Potosi. Peruanisches Gold und Silber finanzierten das Spanische Weltreich und die Kriege der Gegenreformation in Europa. Noch heute sind die Nachkommen der spanischen Einwanderer die Herren im Land und die Nachkommen der Indios stellen die verachtete Unterschicht. Immerhin – im Unterschied zu vielen Ländern Südamerikas gibt es hier noch Indios in großer Zahl und immer noch müssen sie zusehen, wie ihr Land die Weißen reich macht. Immer wieder gab es Forderungen nach Landreformen und immer wieder wurden diese von den Besitzenden verhindert. Landreform – das ist nicht nur die Forderung nach gerechterer Verteilung des Landes, sondern nach Rückgabe des Landes an die rechtmäßigen Besitzer. Ein vergebliches Ansinnen in einem Land, in dem Indios kaum Rechte haben.

Die weißen Ausbeuter genossen derweil ihr Leben im festen Glauben, als treue Katholiken alles richtig zu machen und bekamen das von ihren Priestern auch ständig bestätigt. Die Peruanische Kirche war eine Kirche der Reichen für die Reichen, half überall mit, Klassengesellschaft und Ausbeutung zu legitimieren und zu festigen.

500 Jahre musste Bolivien warten, bis ein Indio Präsident des Landes wurde, das großteils von Indios bewohnt wird. Immerhin, der setzte sich für die Rechte der Indios ein und hinterfragte den Besitz der Eroberer. Da ging ein Aufschrei durch die westliche Welt: wird Südamerika jetzt kommunistisch? Oder wird es vielleicht wieder indianisch und damit sozial so gerecht, wie es der Kommunismus in seinen besten Zeiten nie war?

Aber der Spuk ist eh schon wieder vorbei. Morales hat zwar Bolivien nach oben und den Bolivianern Wohlstand gebracht, aber 2019 machte der CIA der Sache wieder mal ein Ende. Morales wurde nicht abgewählt, sondern unter dubiosen Umständen aus dem Land getrieben. Alles wie gehabt. Jetzt können die US-Konzerne ungestört das weltweit größte Lithium-Vorkommen in Boliviens Salzsteppen ausbeuten.

Für die US-Politik ist ausnahmsweise nicht der Vatikan verantwortlich. Die rechten Evangelikalen der USA können das genau so gut. Obwohl – der Fanatismus der Calvinisten war eine Reaktion auf die Unterdrückung durch den Katholizismus. Der Glaube an die gerechte eigene Sache ist eine Gemeinsamkeit der christlichen Religionen, die bis heute anhält.

Zölibat

Es ist geradezu rührend, wie sich die Kirche statt um das Seelenheil um das Zölibat sorgt, als wäre seine Abschaffung der Untergang des Abendlandes. Vergessen ist, dass das Zölibat 1139 durchgesetzt wurde, weil der Papst dem Kaiser sein Land stehlen wollte. Beschönigend nennen die Historiker das den Investiturstreit. Der Kaiser berief die Bischöfe als Verwalter deutscher Territorien und belieh sie als kaiserliche Stellvertreter mit deutschen Provinzen. Der Papst wollte dem Kaiser die Bischofsernennungen entziehen und sich damit zum Herrn über 50% des deutschen Kaiserreichs aufschwingen. Das ging nur, wenn die Bischöfe keine Kinder hatten, die sich aus Tradition dem Kaiser verpflichtet gefühlt hätten. Was dieser weltliche Machtkampf mit dem Seelenheil zu tun haben soll, das verstand schon damals kein Mensch. Als Folge des Zölibats sind Priester heute großteils homosexuell, je mächtiger ein Bischof oder Kardinal ist, desto mehr kann er sich schwule „Vertraute" heranziehen. Dabei ist nicht die Homosexualität an sich das Problem, sondern die Doppelmoral von Homosexualität und offizieller Homophobie, um sich vor Aufdeckung zu schützen. (Martel 2019). So muss die Kirche weiter im eigenen Saft schmoren, bis sie gar ist. Aber wen interessiert das noch?

Gebildeten Menschen ist nicht nachvollziehbar, mit welcher Renitenz sich die Amtskirche an das Zölibat klammert, als würde dessen Abschaffung das Ende des Christentums und den Absturz in die Hölle bedeuten. Warum in Gottes Namen sollen katholische Priester nicht heiraten wie alle anderen christlichen Priester und jüdischen Rabbis es tun? Ist die Ehe nicht ein christliches Sakrament, warum soll sie ausgerechnet für Priester Gift sein?

Sexuelle Enthaltsamkeit als Weg in den Himmel ist eine oft gedroschene These, die aber noch nie funktioniert hat. Katholische Priester sind nicht keusch, zumindest die meisten nicht. Es ist nur die Frage, ob sie mit Frauen illegale Kinder zeugen, sich eigene Hurenhäuser leisten, mit Männern glücklich sind oder kleine Buben missbrauchen. Alimentezahlungen für Priesterkinder und Missbrauchsfälle sprechen da eine klare Sprache.

Wenn es nicht um Sexualität geht, dann wohl um die Aufrechterhaltung der sexuellen Scheinmoral. Wenn alle Sexualität als Sünde verteufelt ist, darf niemand nachschauen, wie es denn um die Sexualität von Priestern bestellt ist, auch wenn die Spatzen die Wahrheit von den Dächern pfeifen. Das ist wohl auch der Zweck der Übung. Sex ist pfui, darüber redet man nicht, schon gar nicht über den Sex der Priester.Wenn es also nicht um die gepredigte Enthaltsamkeit geht, worum dann? Wer bis hierher gelesen, weiß: Beim Katholizismus geht es um Macht, worum auch sonst?

Bevor der Papst den Investiturstreit anfing, um den Kaiser zu entmachten und selbst zum Herrscher der Welt aufzusteigen, denn er war ja Stellvertreter von Christus, des Herrschers (oder Frauschers?) der Welt und wenn der grad nicht da war, musste ihn der Papst mit aller gebotenen Macht vertreten…

Bevor der Papst also seinen Putschplan in die Tat umsetzte, hatte er die Praxis der römisch deutschen Kaiser genau studiert. Das kaiserliche Feudalsystem fußte im Einsetzen von Stellvertretern des Kaisers, auf die dieser seine Macht stützte, denn er konnte ja nicht überall gleichzeitig sein. Dafür boten sich einerseits die Fürsten an, die aber leicht zu Rivalen wurden und den Kaiser stürzen konnten, vor allem wenn sie eine große Familie und damit ein weitverzweigtes Netzwerk hatten. Drum griffen die Kaiser lieber auf die Bischöfe zurück, die über keine militärische Macht verfügten und wohl kaum putschen würden. Wer in der Kirche aufstieg, hatte meist ein kleineres weltliches Netzwerk, weniger Kinder und weniger Clans hinter sich. Der Papst schloss messerscharf, dass seine hierarchische Macht am besten zu sichern sei, wenn seine Bischöfe gar keine Kinder hatten. Wenn alle Priester kinderlos blieben, konnten sie weniger monetäre Ansprüche stellen und alles Geld blieb der Kirche. Das Zölibat war also ein probates Mittel, damit der Papst durch alle Hierarchieebenen durchregieren konnte und das ist bis heute so geblieben. Würde Papst Franziskus das Zölibat aufheben, würden viele Priester durch ihre Frauen und Kinder bestärkt und dadurch selbstbewusster werden, es gäbe mehr Diskussionen, womöglich sogar Reformen, das will man sich gar nicht erst ausmalen…

Perverse Sexualmoral

Die seit Paulus gepflegte Sexualfeindlichkeit des Katholizismus trieb seit der Einführung des Zölibats geradezu abstruse Blüten und schädigte die Gesellschaft in vieler Weise auf Dauer. Das hochgehaltene Ideal des Verzichts auf Sexualität, die zu spiritueller Energie sublimiert und transformiert wird, ist ein schönes Märchen und purer Schein, um die Sexualität der Bevölkerung unterdrücken zu können. Einen enthaltsamen Priester zu finden ist wie die Suche wie nach einem vierblättrigen Kleeblatt – es mag sie geben, aber sie sind selten bis gar nicht zu finden. Zölibatäre Priester leben in der Mehrzahl ihre Sexualität, nur nicht in der normalen ehelichen Form. Ein Großteil der Priester hat heimliche Geliebte und setzt mit ihnen Kinder in die Welt. Die Zahl der Priesterkinder ist in Österreich hoch, das lässt sich durch die Summen belegen, die die Kirche an Alimenten zahlt. Die Scheinheiligkeit dabei ist, dass der Priester offiziell mit der Kirche verheiratet ist, Seitensprünge aber völlig normal und geduldet sind. Dies ist für die Priesterkinder besonders fatal, da ledige Kinder von der Kirche als sündhaft abgelehnt werden und als Bastarde geschnitten werden, wohl damit niemand drauf kommt, dass viele ihrer Väter Priester sind. Die Doppelbödigkeit der Kirche schädigt das Selbstwertgefühl der ledigen Kinder und begünstigt Schizophrenie (Opelt 2002). Auch die Stellung von Priester-Geliebten ist schwierig, da sie als ledige Mütter gelten und verheimlichen müssen, wer der Vater ihrer Kinder ist. Noch dazu trifft sie die Eifersucht anderer Frauen, die ihren Priester platonisch verehren und umso aggressiver auf die Sünderinnen herabschauen, die jene Sexualität ausleben, die sich die gläubigen Frauen selbst untersagen.

Eine weitere Gruppe von Priestern lebt ihre Sexualität in infantiler Pädophilie aus. Diese sind eine virulente Gefahr für die Gesundheit breiter Schichten, da sie ihre Lust in katholischen Kinderheimen, der katholischen Jugend oder auch an Ministranten ausleben. Die offiziellen Missbrauchszahlen sind wohl mit den Dunkelziffern zu multiplizieren, mit den Kindern und Enkeln der Missbrauchsopfer, um halbwegs ermessen zu können, welchen Schaden die Kirche an der Gesundheit ihrer Gläubigen angerichtet hat.

Die dritte Gruppe der Priester ist homosexuell und zwar in einem weit höheren Ausmaß als die Durchschnittsbevölkerung (Martel 2019). Die Mehrheit der Priester im Vatikan ist homosexuell, je mächtiger ein Bischof oder Kardinal ist, desto mehr kann er sich schwule „Vertraute" heranziehen, die Sekretäre der Mächtigen sind meist ihre schwulen Liebhaber. An der sexualfeindlichen Moral der Kirche wird festgehalten, um die sexuelle „Perversion" zu tarnen. Vor 50 Jahren war das Priesteramt die einzige Karrieremöglichkeit für junge Schwule, denn überall sonst wurden sie wegen ihrer Frauenfeindlichkeit geächtet und ausgeschlossen. Hinter dem Zölibat hingegen konnten Priester ihre Neigung tarnen. Solange diese aber ein strafrechtlich verfolgtes Verbrechen war, durfte die Tarnung nicht auffliegen. Deswegen die offizielle extreme Homophobie des Vatikans. Da laut Martell vor Franziskus 4 Päpste schwul waren, sind die weltpolitischen Folgen gravierend. Dass die verschrobene und unehrliche Doppelmoral einer mächtigen Minderheit das psychosoziale Leben von 1,5 Milliarden Menschen negativ beeinflusst, erklärt wohl die verkorksten Missstände (homoerotischer Kindesmissbrauch, Verteufelung der Verhütung, Behandlung von Geschiedenen, Verachtung der Frauen), nimmt aber der Kirche jegliche soziale und ethische Autorität.

Die Zerstörung der weltlichen Autorität

Irgendwie haben die Päpste das Christuswort „gebt dem Kaiser, was des Kaisers ist" falsch verstanden. Sie hören immer nur Kaiser und je länger sie dies tun, desto mehr gebärden sie sich als Kaiser der Welt. Jesus ist der Imperator Mundi, Jesus ist das große Vorbild, also wird der Papst der Herrscher der Welt. Kirchliche Machtmathematik in Kurzfassung.

Lachen Sie nicht! Nach dieser Logik haben die Päpste 1.000 Jahre lang Europa vor sich hergetrieben, das war für ihre Opfer gar nicht zum Lachen.

Dabei hatte es ganz anders begonnen. 996 nZ setzte der deutsche Kaiser Otto III. seinen Cousin Bruno als Papst ein, weil er hoffte, mit der Autorität des Papstes Einfluss in den Ländern zu bekommen, die noch nicht zum Heiligen Römischen Reich deutscher Nation gehörten. Der Papst sollte ein verlängerter Arm des Kaisers sein und die Kirche im kaiserlichen Sinne beaufsichtigen. So war das immer gewesen, sowohl unter den Karolingern als auch unter den byzantinischen Kaisern, von denen Otto III. abstammte. Seltsamerweise verstarb Otto III. wenig später in der Blüte seiner Jugend eines ungeklärten Todes. Die Päpste aber drehten den Spieß um. Gregor VII. beanspruchte die Bischofsernennungen als alleiniges Recht des Papstes und exkommunizierte Kaiser Heinrich IV., bis der bei Canossa zu Kreuze kroch. Bei einem Sieg des Papstes im Investiturstreit wäre der Kaiser zum Vasallen des Papstes herabgesunken und vom Papst eingesetzt worden, dagegen wehrten sich die Kaiser natürlich. 100 Jahre lang hatten die Hohenstaufen die Oberhand und errichteten ein Neues Römisches Reich, das ganz Mitteleuropa, Italien, Burgund und die Provence umfasste. Das gefiel den Päpsten gar nicht und so legten sie über Kaiser Friedrich II. einen Bann nach dem anderen. Sie verbündeten sich mit den französischen Königen, um die deutschen Kaiser zu stürzen, was 1250, nach dem Tod Friedrichs II. auch gelang. Im sogenannten Interregnum bis 1273 wurde das Kaisertum völlig entmachtet, der Habsburger Rudolf I. durfte nur mehr nominell Kaiser sein, de facto waren ihm alle deutschen Fürsten gleichgestellt. Der Papst hatte sein Ziel erreicht, beherrschte halb Deutschland und bestimmte über die Wahl des Kaisers. Denn die Erzbischöfe von Köln, Mainz und Trier wurden als Herrscher über das Rheingebiet zu Kurfürsten. Sie brauchten nur einen weiteren von 7 Kurfürsten auf ihre Seite ziehen und schon hatten sie die Mehrheit bei der

Wahl des Kaisers. Die Habsburger wurden nur deshalb zu Kaisern gewählt, weil sie dem Papst zu willen waren, für eine erzkatholische Politik sorgten und dabei halfen, alle Kritiker der Kirche mundtot zu machen. Dies hatte direkte Auswirkungen auf die Glaubenskriege. Die Habsburger-Kaiser waren die Vollstrecker des Papstes und metzelten die aufständischen Deutschen nieder. So folgte auf die 1. Zerstörung Deutschlands 1250 eine 2. im Dreißigjährigen Krieg, wieder nur um die Macht der Päpste zu erhalten. Die dritte Zerstörung im Jahr 1945 war ein spätes Echo der ersten beiden Katastrophen.

Seltsam, dass sich der Papst immer von frechen Deutschen herausgefordert fühlte. Der deutsche Martin Luther zettelte die Reformation an, die dem Papst sein halbes Weltreich kostete. Der Deutsche Karl Marx erfand den atheistischen Kommunismus, der dem Papst seine osteuropäischen Länder wegnahm. Drum bereitete Papst Wojtyla dem Sowjetkommunismus ein jähes Ende oder war jedenfalls ein wesentlicher Faktor bei dessen Zusammenbruch.

Da sich in Europa keine zentrale Macht etablieren konnte, gingen die Kämpfe zwischen den Nationen 1.000 Jahre lang weiter. Die Völker blieben schwach, der Papst blieb stark. Ein Himmelreich auf Erden war dies nicht.

Frauenverachtung und „unreines“ Blut

Alle Weisheitslehrer befreiten die Frauen aus der patriarchalischen Unterdrückung, das war auch bei Jesus so. Die von Jesus gepredigte Gleichwertigkeit aller Menschen zog viele Frauen an, wahrscheinlich war die Mehrheit seiner Jünger weiblich. 40 Jahre nach Jesu Verschwinden war der Beitrag der Frauen schon gestrichen, in den Evangelien gibt es nur mehr männliche Apostel. Der Christenverfolger Paulus hatte durchgesetzt, dass die Frauen in der Kirche schweigen müssen. Der Widerspruch zwischen den

Worten Jesu und der Frauenverachtung im Neuen Testament fiel schon niemand mehr auf, oder durfte nicht thematisiert werden.

Wie kann es sein, dass eine Erweckungsbewegung wie das Urchristentum so schnell einen wesentlichen Bestandteil ihrer Lehre fallen lässt? Und vor allem: Warum tut sie das?

Ein Grund ist die unterschwellige Stärke des Patriarchats, das selbst nach Revolutionen sehr schnell zurück an die Macht gelangt, sogar in den revolutionären Bewegungen selbst. Frauen werden seit 5.000 Jahren vom Patriarchat bekämpft, vor allem in den sogenannten Weltreligionen. Sie dürfen zwar als duldende Märtyrerinnen weiter eine Rolle spielen, aber erst nach ihrem Tod, wenn sie den Mund ganz sicher nicht mehr aufmachen können. Niemand versteht, warum die Kirche seit 2.000 Jahren darauf beharrt, dass Priesteramt und Weiblichkeit sich ausschließen.

Ein Hinweis auf die unbewusste Ursache dieser Verrücktheit gibt das Menstruationsblut, das in vielen patriarchalischen Kulturen als unrein gilt. Auch dafür gibt es keinen rationalen Grund, wohl aber einen kulturellen: Der Blut-Kult des Christentums fühlt sich vom natürlichen Blut der Frauen bedroht, weil dieses eine Schwäche der Männer bloßlegt.

Auch Männer werden im Blut der Geburt geboren oder fallen einer blutigen Abtreibung oder Frühgeburt zum Opfer, die Menstruation sagt aus, dass keine Einnistung eines Eis gelungen ist. Für die Männer zeigt das Blut der Frauen die Macht des weiblichen Körpers über Tod und Leben. In der Steinzeit, als man von der Biologie von Ei und Spermien nichts wusste, war die Vulva das Tor des Lebens, aus dem entweder Blut oder ein Kind kam. Daraus entstand die Vorstellung, dass aus dem weiblichen Blut ein Kind geformt würde, wenn die Frau es 9 Monate lang zurückhielt. So wurde die Frau zur großen Göttin, ihr Blut zum Blut des Lebens (Armbruster, Uhlmann), die Göttin und ihr Blut wurden in 98% der Geschichte der Menschheit als heilig verehrt.

In einem 3-Stufen-Prozess entmachteten die Männer die Göttin, weil sie den Frauen ihre Macht über das Leben neideten. Als erstes gesellten sie der Göttin einen Gemahl bei und feierten das Ritual der Heiligen Hochzeit. Als nächstes wurde der Gott zum Herrscher, seine Gemahlin und seine Töchter zur Nebensache. Im Monotheismus verschwanden schließlich alle weiblichen Gottheiten, Gott Vater blieb allein übrig. So gesehen ist der Katholizismus der Höhepunkt patriarchaler Religionsvorstellungen und wird in der Frauenverachtung nur mehr vom Islam getoppt.

Tiefenpsychologisch gesehen entstand die Frauenverachtung aus dem Gebärneid der Männer. Frauen können Leben gebären, Männer nur Leben töten. Wenn Frauenblut fließt, entsteht Leben, wenn Männerblut fließt, entsteht Tod. Wollten die Männer wichtiger sein als Frauen, mussten sie den Tod über das Leben stellen. Was sie auch ausgiebig taten.

Das Christentum ist eine Anbetung des Todes am Kreuz. Aus Christi Leib fließt Blut als Beweis seines Todes. Der Lanzenstich, der den Tod belegt, ist das Gegenstück zum Blasensprung, der den Beginn der Geburt anzeigt. So wie das Menstruationsblut aus dem Körper der Frau fließt, fließen Blut und Wasser aus dem Leib Christi und werden im heiligen Gral aufgefangen. Heilige Lanze, Sangreal und Heiliger Gral sind die Verkehrung des Weiblichen in den männlichen Körper (Werlhof 2011). All diese Symbolik ist ein magisches Ritual, das den Sinn hat, die Macht des Weiblichen zu bannen, damit das Männliche herrschen kann. Mit der Realität der Natur hat das alles nichts zu tun.

Die Frauenverachtung ist kein Unfall, der dem Katholizismus passiert ist und kann daher auch nicht so einfach korrigiert werden. Sie ist der Kern ihrer Lehre. Ein Katholizismus, der Frauen respektiert, ist keiner mehr. Denn die ganze krude Verehrung des Todes und des Blutes der Sterbenden würde überflüssig, denn sie dient lediglich der Verdrängung des Weiblichen. Christliche

Frauen, die als spirituelle Meisterinnen anerkannt würden, suchten sich wohl andere Symbole.

Beim Sieg über die Azteken wurde die Blutideologie der Katholiken am wunden Punkt getroffen und entlarvt. Die Priester entrüsteten sich über die Blutopfer der Azteken, empfanden diese als barbarisch und als Legitimation, die Azteken mit Stumpf und Stiel vom Erdboden zu tilgen. Dabei war deren Glaube dem christlichen sehr ähnlich. So wie das Blut Christi zur Errettung der Welt fließen musste, so rettete das Blut der Geopferten die Welt, die ohne dieses Blut nach dem Glauben der Azteken untergegangen wäre. Viele Maya und Azteken opferten sich freiwillig, beim rituellen Ballspiel hatte der Sieger die Ehre, geopfert zu werden und die Welt retten zu dürfen. Für die Azteken war daher Christi Tod am Kreuz nichts besonderes, ähnliches machten sie selbst Jahr für Jahr. Azteken und Katholiken sind daher durch den Glauben an das Blut des Todes verbunden, das zur Rettung der Welt fließen muss. Dahinter steckt bei beiden Kulturen die Verdrängung der Macht der Menstruation, damit die Frauen bedeutungslos bleiben. Das Wehklagen der Priester über die blutrünstigen Menschenopfer Mexikos ist Heuchelei. Die Spanier töteten 10mal, ja 100mal so viele Feinde wie die Mexikaner. Während die Spanier in der Schlacht möglichst viele umbrachten, nahmen die Azteken lieber Gefangene und schonten zunächst möglichst viele Leben. Denn Blut, dass nicht als Opfer im Tempel vergossen wurde, galt als sinnlos vergeudet.

Korruption und Bereicherung

Heute können wir in allen diktatorisch regierten Ländern zuschauen, wie die Korruption grassiert und die Mächtigen ihre Völker aussaugen bis aufs Blut. Mobutu, Kabila, Zuma, Suharto, Marcos, Assad, Mubarak und wie sie alle heißen – der Zug zur Macht ist immer mit Kleptokratie verbunden.

Das war die letzten 1.500 Jahre nicht anders. Kaum hatte Kaiser Theodosius in Jahr 380 nZ den Katholiken zur Macht verholfen, horteten sie Geld und Güter in nie gekanntem Ausmaß. Zunächst belohnten die Kaiser ihre Bischöfe mit reichen Schenkungen von Land und Latifundien. Im Mittelalter stieg die Kirche zur größten Kapitalakkumulation der Welt auf und ist dies bis heute geblieben. Die Klöster und Bistümer waren die Sparbüchsen der Reichen, sozusagen die Schweizer Banken, bevor es Banken gab. Das funktionierte folgendermaßen: Die Adligen und Fürsten schenkten der Kirche Land und bekamen dafür natürlich eine Gegenleistung, auf Erden, nicht erst im Himmel wie fälschlich angegeben. Die Adligen schufen sich mit ihren Einzahlungen diverse Versorgungsposten für die eigene Familie und für das eigene Alter. Konkurrenten aus der eigenen Familie erhielten Posten als Bischöfe, Abte und Äbtissinnen und waren damit ruhiggestellt. Da man nie wissen konnte, wie lange man sich an der Macht halten würde, diente die Schenkung an ein Kloster als Lebensversicherung. Wurde man gestürzt, ging man ins Kloster und wurde Abt oder ähnliches. So blieb man am Leben und hatte ein gesichertes Altenteil.

Das wichtigste Ergebnis der Völkerwanderung und all ihrer Wirren war, dass im Frühmittelalter sich aller Besitz in den Händen der Kirche konzentrierte. Überall wurden Klöster gegründet, diese akkumulierten, was vom Reichtum der Antike noch übrig war. Diverse Fürsten übertrugen der Kirche Besitzrechte, die auch das Recht zur Ausbeutung der Bevölkerung beinhalteten. Die Bauern mussten der Kirche Pacht und Zehent zahlen. Durch diese Besteuerung wurde der Klerus immer reicher, die Bauern verarmten. Die Bildung wurde auf die Klöster konzentriert, weil alle Bauern mit dem Überleben beschäftigt waren und keine Zeit für Bildung hatten. So kam es zu einem drastischen Wissensabfall gegenüber der Antike (Bergmeier 2019).

Das Armutsgelübde der Mönche und Nonnen war eine Heuchelei von kabarettistischem Ausmaß, denn nur durch den Gang ins

Kloster konnte man der Armut entkommen. Während die von den Pröbsten ausgesaugten Bauern verhungerten, frönten die Mönche dem Luxus und der Völlerei. So wurde der Eintritt ins Kloster meist nur den Reichen gewährt, die dafür bereits mittels Schenkung bezahlt hatten. Arme konnten nur in Ausnahmefällen Mönche werden, sie waren für ein klerikales Leben viel zu ungebildet. Da man nur im Kloster Latein lernen konnte, blieben die Adligen und Kleriker dort unter sich. Das änderte sich erst mit den Bettelmönchen des Franz von Assisi.

Der Kampf um die Bischofsernennungen wurde brutal ausgefochten, weil jeder Bischofsstuhl ein Hort des Reichtums war, der seinem Träger ungeahnte materielle Vorteile brachte. Die Bischöfe von Salzburg, Mainz, Köln und Trier stiegen zu Landes- und Kurfürsten auf. Das Praktische an dieser Theokratie war, dass man seine Macht jeden Sonntag von der Kanzel aus auch moralisch festigen konnte, egal welche Verbrechen ein Kirchenfürst verübte.

Papstwahlen waren oft blutige Gemetzel, weil der Papststuhl den größten Reichtum der Erde beinhaltete. Es wurden Kinder und Ungeweihte zu Päpsten ernannt, wenn zufällig eine Familie gerade in Rom an der Macht war, Gegenpäpste wurden von anderen Familien ernannt und die Päpste ließen sich gegenseitig umbringen, der Überlebende ging dann als rechtmäßiger Papst in die Kirchengeschichte ein.

Mit der Einrichtung des Konklaves ging es etwas weniger brutal zu, die Papstanwärter blieben am Leben oder wurden nur heimlich vergiftet. Die Kleptokratie aber blieb.

Als getaufter Katholik ahnte ich von all dem nichts, bis mir meine papstgläubige Großmutter ihre geheiligte Papstgeschichte vermachte (Seppelt 1933). Das war eine so tendenziöse Hagiographie, dass ich sie lange nur in Bruchstücken lesen konnte, ohne das mir schlecht wurde. Schließlich las ich sie für meine Buchrecherchen in einem durch und mir fiel die Gemeinsamkeit aller Päpste der letzten 1.500 Jahre auf, die trotz aller Beschönigung auch von kirchentreuen Gelehrten nicht vertuscht werden konnte: Wenn ein Papst gewählt wurde, startete er als erstes eine Kampagne gegen Nepotismus und Sidonie seines Vorgängers. Ich ahnte gar nicht, was diese Begriffe heißen und dem Leser geht es wohl ähnlich, drum sei es kurz erklärt: Nepotismus (von lat. Nepos, der Neffe) ist die Besetzung von Kirchenämtern mit nahen Verwandten des Papstes, Sidonie ist der Verkauf von kirchlichen Ämtern an den Meistbietenden. Beides war so normal, dass ein neugewählter Papst erst alle Günstlinge seines Vorgängers entlassen musste, damit er sich an der Neuvergabe persönlich bereichern konnte. So viel zum Armutsgelübde.

Die Kirche ist bis heute die reichste Gesellschaft der Welt und ihr größter Landbesitzer geblieben. Daraus erklärt sich die unbedingte Notwendigkeit des Zölibats. Denn hätte ein Papst einen ehelich legitimierten Sohn, wäre dieser sofort der reichste Mann der Welt, Glaube hin oder her.

Antisemitismus

Der Antisemitismus ist weder eine Erfindung der Nationalsozialisten noch der bösen Araber. Er wurde von der katholischen Kirche erfunden und 1.500 Jahre lang betrieben, um von den eigenen Sünden ablenken und jederzeit alles auf einen überall vorhandenen Sündenbock schieben zu können. Pogrome, Enteignungen und Vertreibungen von Juden waren ab 410 nZ völlig normal. Der Holocaust ist die extremste Folge der Judenverteufelung, war aber nur auf Grund der langen Vorgeschichte überhaupt möglich.

„Die Juden haben den Herrn getötet, bringt sie alle um", so tönte es in allen „christlichen" Jahrhunderten durch Stadt und Land. Juden wurden in Ghettos geduldet, solange man sie als Geldwechsler brauchte, hatten sie genug Geld verdient, nahm man es ihnen weg und tötete oder vertrieb sie. Der Verräter des Herrn hieß sinnvollerweise Judas, das lieferte die Blaupause für alle Judenmorde der Zukunft, denn einen Judas zu töten war nur gerecht. Die ganze Geschichte um den Judasverrat und das böse Judenvolk, das die Kreuzigung des Herren forderte, ist gut erfunden, im besten Fall eine nützliche Legende, die der katholischen Propaganda dienlich war, in jedem Fall aber völlig unlogisch. Jesus wollte das Judentum reformieren und alle seine Jünger waren Juden, umjubelten ihn noch am Palmsonntag, fünf Tage vor seinem Tod. (siehe I. Buchteil)

Es waren die Römer, die den Tempel in Jerusalem zerstörten, die Juden aus Judäa vertrieben, die Christen verfolgen und kreuzigen ließen. 300 Jahre lang saßen Juden und Christen im selben Boot, beide mussten aufpassen, sich nicht mit den Römern anzulegen und dafür hingerichtet zu werden. Aus bitterer Erfahrung hatten die Juden gelernt, sich mit keiner Autorität anzulegen und hatten daher im römischen Kaiserreich ein leidliches Leben als Händler und Handwerker. Das änderte sich, als die Christen zu Agenten des Kaisers wurden, jetzt wiesen sie den Juden die Rolle der zu bekämpfenden Aufrührer zu, die sie vorher selbst ausgefüllt hatten.

Warum gab es im Mittelalter überhaupt noch Juden? Die katholische Kirche hatte bis dahin alle anderen Glaubensrichtungen ausgerottet, nur die Juden nicht. Die jüdische Religion wurde zwar ständig bekämpft, die Juden unterdrückt, vertrieben und abgeschlachtet, verboten wurde das Judentum aber nicht. Wieso wohl?

Weil man sich diesen bequemen Sündenbock nicht nehmen ließ. Er wurde gebraucht, um von den Sünden des Katholizismus abzulenken.

Diesen mörderischen Antisemitismus gab es nur in „christlichen" Ländern. Im heidnischen Rom, im Perserreich, in Arabien und unter dem islamischen Kalifat – überall ging es den Juden besser als bei ihren christlichen „Glaubensbrüdern". Noch im osmanischen Sultanat hatten die Juden ein gutes Leben. Die Araber wurden erst nach 1945 antisemitisch, weil die englische Kolonialmacht das europäische Antisemitismus-Problem nach Palästina entsorgte und die Palästinenser damit enteignete. „Warum müssen wir Araber für den Holocaust büßen, den die Deutschen begangen haben?", fragten sich die Palästinenser. Eine gute Frage, auf die sie bis heute keine Antwort bekommen.

Die Katharer

Die Botschaft Jesu führte zu einer Fülle von spirituellen Bewegungen im römischen Reich und darüber hinaus. Einsiedler, Mönchsgemeinschaften und kluge Gelehrte fanden immer neue Bilder, um das spirituelle Himmelreich zu beschreiben und auf Erden zu errichten. 380 nZ, mit dem Erlass des Kaisers Theodosius (Cunctos populos) war damit Schluss. Die katholischen „Kirchenväter" erklärten alle anderen Glaubensgemeinschaften zu Ketzern, bekämpften, vertrieben und töteten sie, bis es nur mehr das katholische Glaubensbekenntnis gab.

Doch die Vernichtung der vielen spirituellen Lehren gelang nie vollständig, da die wahrhaft spirituellen Christen von Gier und Macht der Bischöfe meist abgestoßen waren und sich lieber in die Einsamkeit der Wüstenklöster zurückzogen, um ihrem echten, dem spirituellen Herrn Jesus zu huldigen. Aus diesen Meditationsmeistern und Gelehrten entstand die Gnosis, die Geheimlehre von der Himmelsschau. In der Gnosis wurden Jesu tiefe Einsichten bewahrt und geschützt. Die Gnostiker glaubten an ein Universum aus vielen Emanationen des Göttlichen, das sich in immer neuen Formen zeigt, die irdische Welt erschien ihnen als die schlechteste von allen, die sie daher auch gar nicht interessierte. Auch die Gnostiker wurden verfolgt und zu Ketzern erklärt, sie gaben aber ihr Wissen im Geheimen weiter. Daraus entstand im Frühmittelalter die Gemeinschaft der Bogomilen auf dem Balkan, auch diese wurden verfolgt und so landeten die letzten Gnostiker in Südfrankreich, damals die reichste Region der Christenheit. Okzitanisch, die Sprache der Südfranzosen, gibt es heute noch, im 12. Jhdt. war es aber die lingua franka Europas, wurde in allen Kreuzfahrerstaaten Syriens gesprochen und an allen Höfen der Minnesänger. Die Okzitanier waren also die Elite des Hochmittelalters, reich und gebildet, sie nahmen die neuen oder eigentlich uralten Weisheitslehren begierig auf. So entstand in der Languedoc und der Provence die Bewegung der Katharer, erhielt regen Zulauf und war um 1200 nZ dabei, zur führenden Religion in Frankreich und Spanien zu werden. Die Katharer lehnten weltliche Macht und Reichtum ab, waren eine rein geistige, heute würde man sagen esoterische Bewegung und eben deshalb eine veritable Konkurrenz für die machtgierige Kirche von Papst und Bischöfen

Das konnte der Papst natürlich nicht zulassen. Er griff auf den alten Frankentrick seiner Vorgänger zurück, verbündete sich mit dem französischen König und seinen nordfranzösischen Adligen. In einem perfiden Plan erklärte er die Katharer zu Ketzern und rief zum Kreuzzug gegen sie auf. Das ließen sich die nordfranzösischen Ritter nicht zweimal sagen. Sie marschierten in der Languedoc ein, brachten die Südfranzosen um und strichen deren Land und Besitz ein. Vor dem Katharer-Feldzug war der Graf von Toulouse der mächtigste Mann Frankreichs, danach gehörte all sein Land den französischen König und seinen Grafen. Wie schön für Frankreich, das mit dem Blut der Katharer seine Machtstellung in Europa begründete.

Die Gräueltaten der „Kreuzritter“ waren unbeschreiblich. In der Stadt Bezier brachten sie alle Einwohner bis zum letzten Säugling um. Auf den Einwand eines besorgten Ritters, dass man dabei ja auch gläubige Katholiken umbringe, antwortete der Heerführer Simon de Montfort: „Tötet sie alle, der Herr wird die Seinigen schon erkennen“. In anderen Orten schlossen sie die Katharer in ihren Kirchen ein und brannten diese nieder. Die letzten Katharerburgen in den Pyrenäen belagerten die Kreuzritter jahrelang. Bei Übergabe der Burgen ließen sie nur diejenigen am Leben, die sich zum Katholizismus bekannten, der Rest wurde auf den Scheiterhaufen oder den hölzernen Palisaden der Burg verbrannt, allein 200 in der Burg Montsegur.

All das geschah mit dem Segen und Willen des Papstes, eines wahrhaft christlichen Vertreters Gottes.

Die Kreuzzüge

Der Ketzerkreuzzug war nicht der erste seiner Art. Er fügte sich trefflich ein in das Zeitalter der Heiligen Kriege der Christenheit, die mehr als 200 Jahre lang im Nahen Osten Furcht und Schrecken verbreiteten, so nachhaltig, dass die Araber die europäischen Mächte noch heute als moderne Kreuzritter bezeichnen.

Mitte des 11. Jhdt. entstand in Europa eine gewaltträchtige Mischung aus ökonomischem Aufstieg und fanatischer Religiosität. Europa hatte sich von den Angriffen der Sarazenen, der Wikinger und der Ungarn erholt, der Wirtschaft ging es gut, die Ernten wurden besser. In Deutschland entstand ein neues Römisches Reich, dessen Entstehen dem Papst in Rom ein Dorn im Auge war, weil es sich nicht dem Stellvertreter Christi auf Erden unterordnen wollte. Folgerichtig war der Investiturstreit zwischen Kaiser und Papst in vollem Gang und trotz Canossa-Gang war nicht gesagt, dass der Papst am Ende gewinnen würde. Immer wieder marschierten die deutschen Kaiser nach Rom, um die Macht der Kirche einzugrenzen. Das wurde dem Papst auf Dauer gefährlich, denn auch die Waffe der Exkommunizierung des Kaisers würde irgendwann stumpf werden und die Truppen des Kaisers nicht aufhalten können.

Guter Rat war also teuer. Was konnte man tun, um der unangefochtene Herrscher der Welt zu werden und zu bleiben?

Gott erhörte des Papstes Gebete und schickte ihm die Erlösung in Gestalt türkischer Reiterhorden. Die waren nun alles andere als christlich, wie sollten sie ein Wunder Gottes sein?

Da musste man schon um ein paar Ecken denken, aber das fiel den Päpsten noch nie schwer. Zunächst ahnte noch niemand in Europa, welche Gefahr sich da im Osten zusammenbraute:

Die Seldschuken waren ein türkisches Nomadenvolk in Zentralasien, am Rande des islamischen Kalifats. Sie traten bald zum islamischen Glauben über und machten lange keine Schwierigkeiten. Als das Kalifat zu schwächeln begann, wurden sie kriegerisch und eroberten Persien. 1071 schlugen sie die Byzantinische Armee bei Manzikert auf Grund taktischer Fehler des griechischen Generals, der die Nomadenreiter sträflich unterschätzte. Nun hatten die Byzantiner keine Armee mehr und so eroberten die Seldschuken in den nächsten Jahren ganz Anatolien bis zum Bosporus vor den Toren von Byzanz. In seiner Not schickte Kaiser Alexios I. einen Hilferuf an den Papst, dass die Christenheit in Gefahr sei, von Ungläubigen überrollt zu werden. In einem dramatischen Appell forderte Papst Urban II. die Gläubigen auf, ins Heilige Land zu ziehen und das Grab Christi aus der Hand der Ungläubigen zu befreien. (Das nebensächliche Faktum, dass die Seldschuken Jerusalem weder besetzt noch bedroht hatten, unterschlug er wohlweislich). In fanatischem Glaubenseifer riefen Zigtausende „Deus lo vult (Gott will es)“ und machten sich auf nach Südosten, um die Seldschuken zu vertreiben. (Ein schlagendes Beispiel, was passiert, wenn ein machtgieriger Mensch glaubt, den Willen Gottes zu kennen. G.W.Bush, der wiedererweckte Christ, tat 2001 ähnliches, als er zum Kampf gegen die „Achse des Bösen“ aufrief).

Ein Hintergedanke des Papstes ging in dem ganzen Kreuzfahrertrubel unter. Bevor die fränkischen Ritter auf den dummen Gedanken kämen, wieder einmal nach Rom zu marschieren und dem Papst gefährlich zu werden, war es doch viel sinnvoller, wenn sie sich in Jerusalem austobten. So würde der Papst seine heimlichen Feinde los und gleichzeitig neue Länder dazu gewinnen. Ein wahrhaft genialer Plan.

Zunächst funktionierte er auch. Die fränkischen Ritter eroberten Westanatolien zurück und übergaben es nach vielem Hin und Her an den byzantinischen Kaiser. Dann eroberten sie die Küstenländer Syriens und errichteten dort neue Feudalstaaten: Antiochia, Edessa, Tripolis und das Königreich Jerusalem. Nun konnten alle Christen zu Fuß oder zu Schiff zum Grab des Herrn pilgern und die Welt der Christenheit schien wieder in Ordnung.

Für die Moslems sah die Sache natürlich anders aus. Sie waren entsetzt über die Grausamkeit der Franken, die alles niedermetzelten, was ihnen vors Schwert kam, unter anderem die gesamte Bevölkerung Jerusalems. In der Stadt des Herrn wüteten sie dermaßen, dass sie bald in Strömen von Blut wateten, wie ein christlicher Chronist voller Stolz berichtete. Was der Herr Jesus von diesem Umgang mit seiner heiligen Stadt hielt, das interessierte niemanden.

Sofern die muslimische Bevölkerung Syriens die christliche „Befreiung" überlebte, musste sie Frondienst für die christlichen Feudalherrscher leisten. Naheliegend, dass die nicht sehr beliebt waren und bald islamische Vaterlandsverteidiger auf den Plan traten, deren erfolgreichster, Saladin, die Christen wieder aus dem Heiligen Land vertrieb. Auch weitere 6 Kreuzzüge änderten nichts an der Tatsache, dass die Christen in der Levante auf verlorenem Posten standen und es 1291 wieder räumen mussten.

Aus religiöser Sicht waren die Kreuzzüge also ein ziemlich sinnloses Intermezzo. Aber immerhin hatten die Ritter ein erstes

Kolonialreich errichtet und Geschmack an den Luxusgütern des Orients gefunden. So nebenbei hatte Venedig den byzantinischen Kaiser gestürzt und der Papst den deutschen. Also waren die Kreuzzüge doch sehr erfolgreich gewesen, aber ganz anders als es der ursprüngliche Plan verheißen hatte.

Die Templer

Mit ihrer Kreuzfahrtpolitik hatten die Päpste erfolgreich das deutsche und das byzantinische Kaisertum geschwächt und waren damit dem Ziel der päpstlichen Vorherrschaft sehr nahegekommen. Die europäischen Fürsten hatten das böse Spiel aber durchschaut, vor allem den Verrat am Deutschen Reich, dessen Kaiser der Papst durch die Kollaboration mit Frankreich gestürzt hatte. Neapel fiel an Frankreich und nun war Rom von französischen Truppen eingekreist, so wie es vorher von den Staufern umzingelt gewesen war. Die Macht des Papstes in Rom bröckelte und so geriet er immer mehr in Abhängigkeit von Frankreich, sodass 1305 ein französischer Bischof zum Papst Clemens V. gewählt wurde. Der zog gar nicht erst nach Rom, sondern richtete sich 1309 eine Residenz in Avignon ein, wodurch er praktisch der Gefangene des französischen Königs war und dessen Politik mittragen musste. Das Exil in Avignon dauerte bis 1417 und führte zum großen Schisma zwischen Avignon und Rom. Das Papsttum hatte hoch gepokert und verloren. Statt das Erbe des deutschen Kaisers anzutreten, erodierten die Päpste ihr eigenes Ansehen und wurden Spielbälle zwischen Frankreich und Deutschland. Das war der Fluch der bösen Tat, wie ein altes Sprichwort sagt.

Nachdem mit dem Fall von Akko die Kreuzzugspolitik gescheitert war, blieb als Ergebnis der mächtige Templerorden übrig, die erste transeuropäische Vereinigung von Adligen. Die Templer waren sowohl eine exterritoriale militärische, als auch eine finanzielle Macht, erfanden den Wechsel und das Bankwesen und drohten zu einem dritten Machtfaktor in Europa zu werden, neben Adel und Kirche. Das war dem französischen König ein Dorn im Auge, für ihn traf es sich gut, dass er gerade den Papst in Avignon von sich abhängig gemacht hatte. Er stiftete mit haltlosen Verleumdungen Papst Clemens V. dazu an, die Templer zu Ketzern zu erklären, das hatte ja schon bei den Katharern gut funktioniert und dem König ganz Südfrankreich eingebracht. Jetzt wollte er sich den Templerschatz und die Besitzungen des Ordens einverleiben. 1314 wurden der Templergroßmeister Jaques de Molay und sein Stellvertreter auf dem Scheiterhaufen verbrannt, alle Tempelritter verblieben in Gefangenschaft, sofern sie nicht fliehen konnten. Der Papst opferte damit seine schlagkräftigste Militärtruppe, die nur ihm unterstellt gewesen war. Das hatte er davon, dass er seine deutschen Verbündeten vor den Kopf gestoßen und sich den Franzosen ausgeliefert hatte.

Der Griff nach der Weltherrschaft

In der Renaissance erholte sich das Papsttum von der französischen Gefangenschaft und vom Schisma vor allem deshalb, weil Italien im 15. Jhdt. das reichste Land Europas war. Die reichen Medici, Sforza und della Rovere buhlten um den Papststuhl und ließen sich das einiges kosten. Bei jeder Papstwahl flossen Unsummen an Bestechungsgeldern und füllten die Kassen der Kirche. Jedes reiche Geschlecht Italiens versuchte einen der seinen auf den Stuhl Petri zu hieven, um ganz Italien regieren zu können. Mit diesem Geld konnten die Kirchen und Paläste Roms prunkvoll ausgebaut und ausgestattet werden.

Dieses kirchliche Korruptionssystem gipfelte 1492 in der Wahl Rodrigo Borgias zum Papst Alexander VI. Unter diesem intriganten Strategen der Macht erreichte der kirchliche Herrschaftsanspruch seinen Höhepunkt.

Es ist kein Zufall, dass in diesem Jahr das muslimische Granada erobert, die Neue Welt entdeckt und die Heilige Inquisition begründet wurde. All dies gehörte zur neuen Machtarchitektur, das auf einem Bündnis des Papstes mit den Königen von Spanien fußte.

Rodrigo Borgia war ein Spanier aus der Gegend von Valencia. Er hatte sich im Vatikan bis zum Staatssekretär, dem Kanzler des Papstes hochgedient und zog jahrelang im Hintergrund die Fäden, um sich und seine Familie zu bereichern. So hatte er im entscheidenden Moment alle finanziellen und strukturellen Mittel, um seine Konkurrenten um den Papststuhl entweder zu bestechen oder auszutricksen. Borgia hatte 8 Kinder von drei Konkubinen, daneben unzählige Affären. Seine Tochter Lucretia Borgia verheiratete er mehrere Male mit reichen Fürsten, sein Sohn Cesare verheerte im päpstlichen Auftrag Norditalien, um dort ein eigenes Königreich zu errichten. Die Legenden über Lucretia und Cesare Borgia halten sich bis zum heutigen Tag, so sehr waren ihre Zeitgenossen von ihrem „Wirken" beeindruckt.

Papst Alexander stützte die spanischen Monarchen durch den Vertrag von Tordesillas, mit dem er Spanien die ganze neue Welt schenkte, die alte Welt fiel an die Portugiesen. Als der Habsburger Philipp II. Portugal im Jahr 1580 eroberte, gehörte ihm die ganze damalige Welt, sofern er sie erobern konnte. Die Spanier revanchierten sich mit der brutalen Inquisition, die alle Kritiker der Kirche nicht wie üblich mundtot machte, sondern nach entsetzlichen Folterqualen auf dem Scheiterhaufen verbrannte. Hexenverbrennung, Einschüchterung der Europäer durch die Inquisition und die Genozide an den Indigenen Amerikas sind nicht isoliert zu sehen. Sie sind alle integrale Bestandteile des schlimmsten Machtsystems, das die Welt davor und danach je erlebt hat. Prozentuell zur Weltbevölkerung fielen ihm mehr Menschen zum Opfer als während des zweiten Weltkriegs. Dieser kostete 50 Mill. das Leben bei 2 Mrd. Weltbevölkerung (2,5%), durch die christlichen „Werke“ des 16. Jhdt. starben 80 Mill. von 400 Mill (20%).

Die Spanier hatten bei ihren Genoziden in Amerika keinerlei Hemmungen, denn sie handelten ja im göttlichen Auftrag, besiegelt durch den Papst. Sie sollten das ewige Seelenheil zu den Heiden bringen, Ungläubige durften auf der Stelle getötet werden. Alles heidnische Teufelszeug wurde verbrannt, eingeschmolzen oder sonst wie zu Geld gemacht, die barbarischen Wilden hatten den Herrn zu dienen, das heißt, sie wurden rechtlose Arbeitssklaven.

Die sehr willkürliche Auslegung der Bibel durch den Papst und die katholischen Könige Isabella von Kastilien und Ferdinand von Aragon war allein vom Machtrausch getrieben. Die Spanier errichteten ein Weltreich und der Papst konnte die Zahl seiner Schäfchen mit einem Schlag verdoppeln. Eine sogenannte Win-Win-Situation für die Mächtigen, ein Todesurteil für ein Fünftel der Weltbevölkerung.

Mord an Christenbrüdern

Wie schon 1250 nZ hatten es die Päpste wieder mal übertrieben mit ihrer Machtgier. Zwar funktionierte das katholische Machtsystem zunächst wie am Schnürchen. Der spanische König Karl V., in Personalunion Kaiser von Deutschland, herrschte über ein Weltreich und kämpfte um ein europäisches Großreich unter seiner Führung. Zugleich war er ein Verteidiger des wahren Glaubens und treuer Verbündeter des Papstes. Kaiser und Papst hatten aus der Geschichte gelernt und hielten diesmal zusammen. Der Vatikan war so reich und mächtig, dass man den Petersdom erbauen konnte, die größte und prächtigste Kirche, die die Welt je gesehen hatte, Symbol für die Herrschaft Christi auf Erden, was natürlich in Wirklichkeit die Herrschaft des Papstes war, denn Christus hatte niemand gefragt.

Dieser weithin sichtbare Machtanspruch der Kirche provozierte Widerstand. Martin Luther wetterte gegen den Antichristen auf dem Stuhl Petri und bezeichnete das reiche Rom als neue Hure Babylon. Womit er nicht unrecht hatte, denn die vielen Steuern und Bestechungsgelder reichten dem Papst nicht, über einen regen Ablasshandel zog er seinen Untertanen auch noch das restliche Geld aus der Tasche. Den wild gewordenen Mönch in Wittenberg nahm er nicht ernst, den würde man ebenso auf dem Scheiterhaufen verbrennen wie seinen Vorgänger Jan Hus.

Doch es hatte sich etwas geändert. Während die deutschen Fürsten die Verbrennung des Reformators Hus noch kühl lächelnd abzeichneten, war ihnen inzwischen schwindlig geworden vor so viel Macht von Staat und Kirche. Sie mussten damit rechnen, selbst zum Opfer der Inquisition zu werden oder ihre Ländereien sonst wie zu verlieren; so hielten sie zu Luther und schützten ihn. Luthers Verbrennung klappte nicht, weil der Sachsenherzog ihn getarnt als Junker Jörg auf der Wartburg versteckte.

Das Reich Christi auf Erden war nicht sonderlich populär zu Beginn der Neuzeit, was nicht verwunderlich ist, denn es bestand aus Verleumdung, Folter, Verbrennung und Enteignung, was man dann in den Kirchen noch als himmlischen Segen bejubeln musste. Nicht nur die deutschen Fürsten entzogen sich der Macht des Papstes, sondern auch der englische König Heinrich VIII. Höchst gewinnbringend übrigens, denn Heinrich zog die englischen Kirchengüter ein, schloss Klöster und Kirchen, füllte damit sein Staatssäckel und legte den Grundstein zum Aufstieg Englands als Weltmacht. Heinrich war durch Englands Insellage geschützt und so kam er damit durch (und weil seine schlaue Tochter Elisabeth die spanischen Eroberer im Ärmelkanal versenkte, der neuen Normung ihrer Kanonen und dem Wetter sei Dank). Die Deutschen aber hatten gefälligst auf ihren Kaiser zu hören und katholisch zu bleiben. Fast 40 Jahre lang bekämpfte der Kaiser sein eigenes Volk, mit wechselndem Kriegsglück, 1556 gab er auf und die Protestanten waren immer noch da. 1618 wollten seine habsburgischen Großneffen das heilige Werk vollenden und metzelten 30 Jahre lang die Deutschen nieder, bis nicht mehr viele übrig waren. Der Dreißigjährige Krieg bis 1648 war eines der blutigsten Gemetzel der Weltgeschichte, die Deutschen wurden dabei schwer traumatisiert. Die Gewalt zwischen den Christen wurde nie verarbeitet und so vertreten viele Historiker die These, dass die beiden Weltkriege des 20. Jhdt. ein spätes Echo des Glaubenskriegs des 17. Jhdt. waren, wobei die Glaubensrichtungen Katholizismus und Protestantismus durch die Ideologien Faschismus und Kommunismus ersetzt wurden. Entlarvend immerhin, dass der souveräne Vatikanstaat ein Geschenk des Faschisten Mussolini an den Papst war.

„Haltet die Christenmörder auf" - so tönt es seit Jahren durch alle Pfarrhöfe und Kirchen und die Gräueltaten der Islamisten werden angeprangert, weil sie in Syrien und dem Irak die dortigen Christen verfolgen. Mit der Saga von den wieder mal verfolgten Christen kann man wunderbar davon ablenken, dass die meisten verfolgten Christen von Katholiken umgebracht wurden, von Dominikanern, Jesuiten und apostolischen Heerführern.

Inquisition – Frauenmorde im Namen des Glaubens

Was heute beschönigend als Hexenverbrennung bezeichnet wird, war das größte Verbrechen des Papsttums an der Menschheit. Allein deswegen hätten alle Päpste danach ihr Amt niederlegen und abschaffen müssen. Aber stattdessen wurde der langjährige Chef der Inquisition zum Papst Benedikt XVI. gewählt und gilt bis heute als angesehener Gelehrter. Zurückgetreten ist er wohl, allerdings nur, weil er sich sein Scheitern eingestehen musste. Mit diesem späten Vollzug des 500 Jahre lang verweigerten Rücktritts eines Papstes wird er in Erinnerung bleiben.

Es gibt viele wissenschaftliche Werke zur Inquisition, sie haben alle eines gemeinsam: Sie beschönigen die grauslichen Tatsachen, spielen die Zahlen herunter, entschuldigen sie mit dem angeblichen Dämonenglauben der frühen Neuzeit. Die Leute hätten sich halt schnell vom Teufel verfolgt gefühlt und trieben deshalb die Teufel aus. Sie hatten ja das noble Ziel, durch das Feuer der Scheiterhaufen die verirrten Seelen zu retten. So führt man heute noch die verschrobenen und verlogenen Apologien der Theologen fort, die 500 Jahre lang mittels ihrer staatlich bezahlten Fakultäten diesen schrecklichen Genozid an den Frauen kleinreden konnten.

Es zahlt sich aus, den Hexenhammer von 1486 zu lesen, der eine Gebrauchsanweisung zur Folterung von jedermann oder besser jederfrau war, der/die von neidigen Nachbarn denunziert wurde. Dieses Geschreibsel ist wahnsinniger als jeder Horrorfilm der Neuzeit, ist einem absolut kranken Hirn eines hochpathologischen Sadisten entsprungen, der heute in den USA auf dem elektrischen Stuhl landen würde. Doch der Hexenhammer (malleus malificarum) hielt sich 200 Jahre lang als Handbuch der Inquisition, nachdem vorgegangen, gefoltert und gemordet wurde.

Quensel (2017) entlarvt das frühneuzeitliche Hexen-Problem als klerikal-juristische Konstruktion der Theologen. Vom klerikalen Beginn im 14. Jahrhundert über die normale ländliche Hexerei reicht das Spektrum der Hexenverfolgung bis zu der inquisitorischen Massen-Verfolgung, die erst im 18. Jahrhundert endete. Hexerei galt als „crimen plusquam exceptum, atrocissimum et occultissimum“, das nur durch den Scheiterhaufen zu lösen war. Das Problem wurde erfunden und intentional vorangetrieben in einer Welt, die magisch dachte und von Hexenfurcht geprägt war. Es löste das Ketzerproblem ab, das an Virulenz verloren hatte, weil alle Ketzer getötet oder vertrieben waren. So suchte sich die Kirche ein neues Ziel: Zwischen 1450 und 1750 wurden in 100.000 Verfahren 60.000 Hexen und Hexer im Verhältnis 5:1 hingerichtet. Dies ist die urkundlich belegte Mindestzahl, die realen Zahlen waren wohl wesentlich höher. Zauberei war seit den Germanen üblich, wurde von der Kirche als Aberglaube verdammt, bis im Hexenhammer 1486 die Hexen zur Verfolgung freigegeben wurden. Magie war im Volksglauben ein Mittel zur Lebensbewältigung, die gelehrten Magier versuchten, die Dämonen zu beschwören und zu beherrschen, um Macht zu erlangen. Die Kirche allerdings riet von jedem Kontakt zu den Dämonen ab, wohl um auch diesen Bereich des Volksglaubens ihrer Herrschaft zu unterstellen.

Der Malleus maleficarum des Dominikaners Heinrich Kramer wurde Kramer zum Handbuch der Verfolgung. Besonders im 30-jährigen Krieg trieb die Massenfurcht die Hexenkommissare an. Die „Hexen von Salem“ (1692) zeigen beispielhaft den sozialen Sündenbockprozess, dem in einem Jahr in einem kleinen Ort fast alle „Hexen“ der neuen Welt zum Opfer fielen. Die Hexenprozesse sollten Furcht und Schrecken verbreiten, um in Zeiten des „cuius regio, eius religio“ eine einheitliche Landeskirche zu schaffen und damit die jeweilige protestantische oder gegenreformatorische Bevölkerung zu disziplinieren, waren also ein reines Machtinstrument, um Protestbewegungen in der Bevölkerungsbasis auszuschalten.

Hexen und Geister waren im Mittelalter ein völlig normales Phänomen, die „Hexen“ waren die überlebenden Schamaninnen, die mit Geistern umgehen und damit Krankheiten heilen konnten. Da sie wesentlich erfolgreicher waren als die Priester mit ihren Gebeten, mussten sie vernichtet werden. Dazu war jedes theologische Machwerk recht. Mit der Hexenverfolgung vernichtete die Kirche die weibliche Intelligenz Europas und damit die letzte Konkurrenz, die sich ihr noch entgegenstellte.

Der verleugnete Genozid an den Deutschen

Zwischen 1517 und 1648 fand über mehrere Generationen ein Genozid an allen Deutschen statt, dem in Summe 50% aller

Deutschsprachigen zum Opfer fielen (Opelt 2016). Neben den Inkas, den Azteken und den Maya büßte also das Herzland Europas für den Machtanspruch von Kirche und Kaiser. Und auch hier dauerten die Folgen 500 Jahre lang an.

Bis heute hilft die elementaristische Wissenschaft bei der Verleugnung dieses Genozids, er wird fein säuberlich in kleine Teile zerlegt und jeder Teil einzeln schöngeredet, damit die eigentliche Tatsache vertuscht werden kann. Die Teile sind:

1. der religiöse Protest

2. die Bauernaufstände

3. die Hexenverfolgung

3. der Aufstand der deutschen Fürsten

4. die Reformationskriege

Jedes Phänomen für sich scheint als ferne, überholte Vergangenheit ertragbar. Erkennt man aber alle 5 als Bestandteil der kirchlichen Machtmaschinerie, wird das skandalöse Ausmaß der Gewalttaten klar. Die Deutschen, die großteils Untertanen des katholischen Klerus waren, revoltierten gegen eine Unterdrückung, die ihr Leben ganz real bedrohte.

Die Bauern revoltierten, da sie unter der kirchlichen Ausbeutung schlicht verhungerten. Die Mönche in den Klöstern revoltierten, da dies nicht mehr der Glaube war, für den sie geradestehen konnten. Die Frauen wurden ermordet, bevor sie ihren revoltierenden Männern zu Hilfe eilen konnten. Die Fürsten revoltierten, da auch sie sich von den lodernden Scheiterhaufen bedroht fühlten, auf denen so ziemlich jeder landen konnte, sogar die Mächtigen. Schließlich eskalierte alles zusammen im Genozid des Dreißigjährigen Krieges.

Ziel dieser Gewaltaktionen war die Verteidigung der Macht von Kirche und Kaiser. Alle Aufstände wurden der Reihe nach niedergeschlagen, unter unbeschreiblicher Grausamkeit und dem Tod von Millionen Menschen.

Es ist nahezu lächerlich, wenn kluge Historiker den Zustand der deutschen Seele mit dem Fehlen einer nationalen Revolution erklären. Die englische Revolution 1642, die französische 1789, die russische 1917, alle führten zu Veränderungen, nur die deutsche von 1918 war so mickrig, dass daraus der Faschismus entstand. All diese Theorien sind eine eklatante Verdrehung der Wirklichkeit, die bis heute Bestand hat.

In Wirklichkeit waren die Glaubenskriege in Deutschland die erste europäische Revolution und die größte noch dazu. Wie alle Pioniere der Geschichte büßten die deutschen Revolutionäre ihren Aufstand mit dem Leben. Nur die norddeutschen Fürsten entkamen der Reaktion und bewahrten ihre Untertanen vor dem Schicksal aller Süddeutschen und Österreicher. Im Windschatten der deutschen Revolution konnten sich Holländer und Engländer von den Fesseln des Katholizismus befreien und wurden sehr schnell wohlhabend und mächtig. Die Deutschen aber büßten mit einem kollektiven nationalen Trauma: Ihre Frauen, ihre Intelligenz waren nachhaltig geschwächt, fast alle Familien und alle Überlebenden schwer traumatisiert. Die Verarbeitung dieser Traumata wurde durch die kollektive Verbrämung der Gewalt verhindert, die von der Kirche erledigt wurde, was nobel als Gegenreformation umschrieben wird. Wenn also noch 1996 Daniel Goldhagen vom aggressiven Wesen der Deutschen faselt, dann ist er ein schlagendes Beispiel wissenschaftlicher Unkenntnis. Er erkennt nicht und ist damit in der Wissenschaft in guter Gesellschaft, dass ein nationales Trauma früher oder später an die Oberfläche kommen muss. Die Retraumatisierung von 1918 mit der ungerechten Demütigung von Versailles ließ das Fass überlaufen. In der Beschwörung der Volksseele durch die Nationalsozialisten brachten diese das Unrecht aufs Tapet. Dies war keineswegs eine verrückte Idee, die Nazis brachten nur an die Oberfläche, was von allen Mächtigen 300 Jahre lang verleugnet worden war (Heer 1967).

Der Dreißigjährige Krieg des 20. Jhdt. ist ein Spiegel des verdrängten Dreißigjährigen Krieges, der nie aufgearbeitet worden ist. Der Faschismus ist eine späte Folge des gewalttätigen Machtanspruchs der Kirche. Dies ist auch daran erkennbar, dass die kirchlichen Eliten auch des 20. Jhdt. meist an der Seite von Faschisten stehen und nicht an der Seite der Basisbewegungen. Positive Ansätze wie die Brasilianische Befreiungstheologie werden nach wie vor abgelehnt und behindert, südamerikanische Diktatoren hingegen kamen bestens mit der Amtskirche aus. Klarer kann sich die Realität des Katholizismus nicht ausdrücken.

Warum wirkte sich der Genozid der Gegenreformation am stärksten in Deutschland aus während Holland und England sich freikämpfen konnten? Das ist leicht erklärt: Weil wir das Herz Europas sind, daher konnte die Kirche Deutschland auf keinen Fall aufgeben. Die Rückeroberung protestantischer Länder wurde überall versucht, scheiterte aber in England, das vom Meer geschützt war und in Holland, weil die Geusen die Deichgebiete fluteten. In beiden Ländern führten die Spanier lange blutige Kriege. 1600 siegten die Holländer und eroberten in kurzer Zeit das halbe spanisch-portugiesische Seereich, unterstützt von englischen Piraten. Die Gegenreformation der Spanier kam dadurch in die Defensive, reduzierte ihre Ziele und konzentrierte sich auf Deutschland. Ergebnis: 1618 begann das Gemetzel an den Deutschen.

Geheimgesellschaften

1648 hatte Europa genug von Krieg und Glaubensstreit. Der Papst hatte einen Pyrrhussieg errungen. Zwar war die Reformation eingedämmt und ganz Europa südlich des bayrischen Weißwurstäquators rekatholisiert worden, aber die Fürsten hatten es satt, ihren Schädel für das Heil des Papstes hinzuhalten. Sie kamen ab da wunderbar ohne ihn aus und wurden absolutistische Herrscher, von Gottes Gnaden wohl, aber nicht mehr von des Papstes Gnaden. Sie waren nicht mehr bereit, ihre weltliche Macht mit einem Kirchenführer zu teilen, der sie erwiesenermaßen nur immer wieder in die Bredouille gebracht hatte, die Deutschen gleich zweimal: sowohl 1250 als auch 1648 waren sie Opfer des päpstlichen Ränkespiels gewesen. Als primus inter pares durfte der Papst zwar noch mitspielen, wurde aber vom Chef Europas zum Religionsminister degradiert, zuständig für Glaubensangelegenheiten, aber ab da ohne reale Macht.

Mit heiligem Zorn wandte sich die Kraft des „Glaubens" daher nach innen und Leidtragende waren wieder die armen Gläubigen. Die katholische Glaubenslehre wurde rigider als je zuvor, jede Kritik, jede freie Meinungsäußerung wurde sofort geahndet, Protestanten des Landes verwiesen und enteignet. Preußen verdankt seinen Aufstieg den vielen dorthin geflüchteten Hugenotten aus Frankreich und Protestanten aus Salzburg und Österreich. Die Jesuiten wurden Träger der Gegenreformation und trieben mit gefinkelten Argumenten den armen Seelen die ketzerischen Gedanken aus. Immerhin wurde ein Jesuit vor kurzem Papst, bei allem menschlichem Image des Franziskus kann das bei der Geschichte der Jesuiten schon misstrauisch machen.

Militärisches Patt + geistige Unterdrückung = geistige Stagnation.

Die Menschen des Barocks zogen sich ins Privatleben zurück, denn da war es sicherer, und sie hielten den Mund. Die Kirche hatte zwar ihre religiöse Macht behalten und alle geistigen Revolutionen besiegt, verschwunden waren diese aber nicht. Die Freidenker des 17. und 18. Jhdt. flohen entweder in den protestantischen Norden oder sie gingen in den Untergrund. Es war die hohe Zeit der Geheimgesellschaften, der Freimaurer, Rosenkreuzer und Illuminaten. Über deren Pläne und Gedanken gibt es zwar bis heute nur Gerüchte, aber das macht sie nur noch interessanter. Die Freimaurer stehen im Verdacht, eine geheime Weltregierung anzustreben und als Deep State auch schon verwirklicht zu haben, nichts Genaues weiß man nicht. Aktenkundig ist, dass die Gründung der USA ein Projekt der Freimaurerlogen war, zu denen sowohl George Washington als auch Thomas Jefferson gehörten. Da es die Freimaurer auch heute in großer Zahl gibt und sie nach wie vor nicht sagen, was sie tun oder zu tun gedenken, ist es zu folgendem Schluss nicht weit: Die reichen Freimaurer der USA und Großbritanniens unterstützen sich seit 300 Jahren gegenseitig, daraus gingen die reichen Milliardäre des Westens hervor. Da ihnen der Großteil des Weltkapitals gehört, ziehen sie als Deep State des Neoliberalismus im Hintergrund die Fäden der globalen Politik. Nach allen offiziellen Statements ist das eine Verschwörungstheorie, allerdings eine sehr plausible, an die sehr viele Menschen glauben.

In unserem päpstlichen Zusammenhang ist folgendes wichtig: Nachdem die Menschen in Europa jahrhundertclang durch päpstliche Dogmen unterdrückt worden waren und dabei Leib, Leben und Besitz gelassen hatten, verlegten sie sich auf eine Partisanenstrategie. Diese bestand darin, nicht mehr mit den Priestern über Glauben und Wahrheit zu diskutieren, sondern im Alltag wirtschaftliche Fakten zu schaffen. Daraus entstanden der Kapitalismus und die Macht des Geldes. Seitdem beherrscht nicht mehr Christus als Imperator mundi die Welt, sondern Gott Mammon.

Jesus sieht das wohl aus himmlischer Distanz, denn er verabscheute das eine wie das andere, sowohl die weltliche Macht als auch Gott Mammon.

Die christlichen Untertanen kamen aber vom Regen in die Traufe. Der Kapitalismus ist nur scheinbar ein rationales Wirtschaftsunternehmen, in Wirklichkeit geriert er sich als antikirchlicher Partisanenfeldzug mit dem Zweck, Kaisern und

Kirchenfürsten die verderbliche Macht zu entreißen. Den Evangelikalen und den Kapitalisten in Amerika ist nicht klar, dass ihre Anbetung des Geldes ein später Protest gegen die Anbetung kirchlicher Macht ist. Das macht das Verhalten der Neoliberalen so beratungsresistent, uneinsichtig und fanatisch. Selbst nach der Entmachtung des Papstes und der Säkularisierung Europas ist das geldgierige Verhalten des Westens immer noch eine Folge von 2.000-jähiger Manipulation von Geist und Kultur durch eine machtgierige Kirche.

Die Säkularisierung als Freiheitskampf

Alle Revolutionen der Neuzeit waren auch ein antikirchlicher Freiheitskampf. Von 1618 bis 1989 begehrten fortschrittliche Kräfte gegen die Reaktion der Gegenreformation auf und ebenso hartnäckig verteidigte die Kirche ihre Machtbastionen. Die deutsche Revolution 1618 bis 1648 wurde zwar niedergeschlagen, es folgten aber weitere mit wesentlich mehr Erfolg:

In der englischen Revolution von 1642 bis 1688 wurden die letzten kirchlichen Machtpositionen in England beseitigt und damit die Grundlagen für Demokratie und Kapitalismus angelsächsischer Prägung gelegt. Die Aufklärer des 18. Jhdt. schufen ein rationales Weltbild, dem katholischen Imperator-Mundi-Anspruch wurde der Pantheismus Spinozas entgegengesetzt, der keine Kirche braucht. Die französische Revolution beseitigte Macht und Reichtum des französischen Klerus. Auch der aufgeklärte Absolutismus Josef II. reduzierte die Macht der Kirche, der österreichische Kaiser säkularisierte viele Klöster und Kirchengüter. Der Codex Napoleon säuberte die europäischen Gesetzbücher von kirchlichem Einfluss. Karl Marx und Friedrich Feuerbach entlarvten den Kirchenglauben als Opium für das Volk. Sozialisten, Kommunisten und Nationalsozialisten prangerten die antisoziale Ausbeutungspolitik der Kirche an. In den kommunistischen Ländern wurde die Kirche verboten, in den faschistischen Ländern entmachtet und nur soweit toleriert, soweit sie das Regime nicht bekämpfte.

Je mehr die Kirche in die Defensive geriet, desto härter regierte sie nach innen und desto intriganter wurden ihre Versuche, ihre Gegner wieder in die Knie zu zwingen. Die Beichtväter der katholischen Könige nutzten ihre Vertrauenspositionen zur Bespitzelung und zur Beeinflussung der Politik im Sinne des Papstes. Jeder Sieg der alten Regimes wurde genutzt, um alte Machtpositionen wiederzuerlangen. So feierte der Papst die Niederlage Napoleons als Sieg über die Gottlosigkeit und setzte in allen Königshäusern wieder seine Vertrauensleute ein. Über Beichtväter und Nuntiaturen besaß der Papst das effizienteste Spitzelwesen Europas, denn das Beichtgeheimnis galt und gilt nur, sofern keine vatikanischen Staatsinteressen im Spiel waren. Die Kirche verbündete und verbündet sich überall mit den reaktionären Kräften der Unterdrückung und Ausbeutung, soziales Handeln war und ist dem Papst suspekt, von der gepredigten Barmherzigkeit war und ist herzlich wenig zu spüren. Die heute gepriesene Caritas wurde erst 1897 gegründet, als Reaktion auf die Gründung der sozialistischen Partei, um den Sozialreformern etwas entgegensetzen zu können. Ausnahmslos war die Kirche auf Seiten der Mächtigen, da sie ja ihre eigene Macht verteidigen wollte. In der Revolution von 1848 bejubelte sie die Niederschlagung der Aufstände und warnte die Kirchgänger vor jedem Protest gegen die Obrigkeit. Was Wunder, war ja die Kirche selbst die Obrigkeit, die es zu schützen galt. Kaiser Franz Josef wurde als apostolischer Kaiser betitelt und bejubelt, da er in Österreich-Ungarn die Macht des Katholizismus garantierte. Dies war ein Hauptgrund für den Untergang der Donaumonarchie, weil niemand auf die berechtigten sozialen Anliegen der Bevölkerung einging, die sich daher den Sozialisten und den nationalen Revolutionären zuwandten. Der Kommunismus wurde als gottloses Werk des Teufels beschimpft und bekämpft. Im Ostblock wirkte die Kirche im Untergrund und stützte von dort den Widerstand, bis 1991 der europäische

Kommunismus zu Grabe getragen wurde. Wesentlichen Anteil daran hatte Papst Wojtyla, der alle seine Macht, seine vielen öffentlichen Auftritte für den antikommunistischen Kampf nutzte und laut Meinung vieler die treibende Macht beim Untergang der KPDSU war.

Nun muss man ja den Stalinismus russischer Prägung nicht schönreden, dem Ende der Sowjetdiktatur weint niemand eine Träne nach. Die Folge ist aber, dass in allen post-kommunistischen Staaten die Kirchenhäupter wieder an der Macht sind und sich mit den Oligarchen bestens verstehen, das sollte doch zu denken geben. Einen Papst Wojtyla, der nach innen ein rigid-faschistisches Kirchenregime aufzog, als Erneuerer des Abendlandes zu feiern, hat also einen makabren Touch. Wojtyla liegt auf einer Linie mit Papst Leo IX., der die Erstarrung der Kirche in olympische Höhen hob. Als ihm 1870 die italienische Nationalbewegung seinen Kirchenstaat wegnahm, ließ er sich sofort vom vatikanischen Konzil für unfehlbar erklären. Ab da durfte ihm niemand mehr widersprechen, er wurde ex cathedra zur alleinigen Stimme Gottes. Das blieb so bis heute und damit wurde jede noch so kleine Reform der Kirche unmöglich gemacht. Dafür wurde die Marienverehrung durch einsame ex-cathedra-Entscheidungen von Päpsten zum Dogma erhoben: 1854 die Unbefleckte Empfängnis sowie 1950 die Leibliche Aufnahme Mariens in den Himmel. Wo und in welchem Zustand hat wohl Maria die 1900 Jahre davor verbracht?

Der koloniale Imperialismus der Kirche

Sozialkritische Geister bekommen regelmäßig einen Lachkrampf, wenn sich die Kirche als Hüter der Armen und Verteidiger der Schwachen geriert. Denn sozialhistorisch machte sie so ziemlich das Gegenteil dessen, was sie ihren Schäfchen predigt.

Die Kirche hat seit 500 Jahren wesentlichen Anteil an der Unterdrückung der Armen in Lateinamerika. Seit Bartolomão de las Casas sind die Verbrechen an den Indigenen bekannt; außer ein paar milden Protestrufen ließ sich die Kirche aber zu keinerlei Konsequenzen herab. In allen Lateinamerikanischen Staaten besteht die reiche, ausbeuterische Elite aus den Großgrundbesitzern und den Kirchenfürsten, daran hat sich seit den Konquistadoren nichts geändert. Natürlich sägt die Kirche nicht am Ast, auf dem sie bequem sitzt, ist immer auf der Seite der Mächtigen und bekämpft mit diesen gemeinsam alle sozialrevolutionären Bewegungen, die den Wohlstand so gerecht verteilen wollen, dass die Armen nicht mehr verhungern.

Der göttliche Segen gilt immer der Niederschlagung gottloser Bewegungen. Somit sind immer die Revolutionäre des Teufels und die Diktatoren vollziehen den Willen Gottes.

Wenn da einige Priester ausscheren und in Brasilien eine Theologie der Befreiung predigen, haben sie natürlich nicht den Segen des Papstes, sondern müssen dessen Zorn fürchten. Bedrohen sie doch die Einkommensquellen des Vatikans, der seit der kolonialen Herrschaft der Europäer immer neue Geldquellen anzapfen kann, um seine Gegenreformation zu finanzieren. Auch wenn ein argentinischer Papst Franziskus sich als menschliches Antlitz des Papsttums präsentiert, so kommt auch ihm nicht in den Sinn, an der Ausbeutung der Lateinamerikaner irgendetwas zu ändern. Er schickt zwar Appelle an die Mächtigen dieser Welt, sozial gerechter zu agieren, aber die Kirchengüter bleiben davon selbstverständlich ausgeklammert. Die Kirche redet nicht über den schnöden Mammon, sie kassiert ihn einfach ohne viel Aufhebens.

Die vielgepriesenen caritativen Werke der Kirche werden selbstredend nicht aus dem Säckel des Vatikans bezahlt. Den Armen wir geholfen, aber nur dann, wenn die Gläubigen der Basis am Sonntag die Klingelbeutel füllen und bei der Dreikönigsaktion fleißig spenden. Die reichste Organisation dieser Welt kann nun mal kein Geld für soziale Werke erübrigen, das sollen die armen

Sünder tun, die damit ihre Seelen für das Jenseits freikaufen. An diesem Ablasstrick hat sich seit Martin Luther nichts geändert.

Durch die Kollaboration mit den Kolonialmächten gewann die Kirche weltweit an Macht und Besitz dazu, obwohl sie in Europa einen Teil ihrer Macht abgeben musste.

Die Ausbeutung Lateinamerikas klappt seit 500 Jahren so gut, dass permanent viel Geld nach Rom fließt und kaum etwas für die Bevölkerung übrigbleibt. Mit dem Imperialismus ergab sich ab 1.884 die Chance, auch an der Ausbeutung Afrikas mit zu naschen. Besonders in den französischen und belgischen Kolonien war der Mission und der kirchlichen Macht Tür und Tor geöffnet. Die subsaharische Region von der Sahelzone bis zum Kongobecken fiel der katholischen Indoktrination anheim und vollzog auch dort die Kulturzerstörung, die schon in Amerika erprobt und bewährt war.

Das Papsttum beendete das 20. Jhdt. somit mit einem lachenden und einem weinenden Auge. Seine weltliche Macht in Europa ging zurück, seine weltweite Macht stieg ins Unermessliche, dank Mission und Kollaboration mit den Mächtigen. Die katholische Kirche stieg zur weltweit größten Glaubensgemeinschaft auf, löste darin den Buddhismus und den Konfuzianismus ab und liefert sich derzeit einen ehrenwerten Wettkampf mit dem Islam (den man natürlich weiterhin schlechtredet).

Afrika gilt als Zukunftshoffnung des Katholizismus. Dies klappt wohl nur, weil die Afrikaner derzeit mit dem sozialen Überleben beschäftigt sind und keine Zeit haben, die Machtmechanismen des Katholizismus zu hinterfragen. Eines sollte ihnen aber zu denken geben: Vor einiger Zeit ließ der Präsident der Elfenbeinküste in seinem Land die größte Kirche der Welt errichten, höher und größer als der Petersdom, während ein Großteil seiner Leute noch hungerte. Diese Kirche braucht kein Mensch und sie ist meistens leer. Doch seitdem ist für alle sichtbar die großartige Zukunft klar, die der Katholizismus den Afrikanern zu bieten hat. Statt Brot und Wohlstand gibt es riesige Steingebäude. Es ist nur eine Frage der Zeit, bis sich auch in Afrika der Widerstand regt, der Europa 500 Jahre Leid und Glaubenskriege gebracht hat.

Geistige Trolle

Seit 1.600 Jahren besetzt die katholische Kirche der Macht unsere Gehirne und brennt dort ihre geistigen Programme ein. Von der Erschaffung der Welt über die Strafgerichte des zornigen Gottes bis zur Duldsamkeit der anderen Wange, mit der man Ungerechtigkeit hinnehmen muss, hat die Kirche alles zu Grundlagen der Kultur ernannt, was der Macht des Vatikans dient. Auf der Ebene der realen politischen Unterdrückung musste der Papst in den letzten Jahrhunderten Rückschläge hinnehmen. Dominikaner können nicht mehr bestimmen, welche Kirchenfeinde auf dem Scheiterhaufen verbrannt werden, mögen sie diesen Verlust an nächstenliebender Tatkraft auch noch so bedauern. Priester haben dafür die Macht der Geistesmanipulation verfeinert und die Rhetorik der Predigten perfektioniert, mit der man den Schäfchen alles einreden kann, was deren Interessen widerspricht, dafür der Herrlichkeit Gottes (oder vielmehr des Papstes) gefällt.

Die Gelehrten sind sich einig, dass die westliche Kultur eine vom Christentum geprägte ist. Kein Wunder, waren doch 1.000 Jahre lang die Theologen die einzigen, die genug Geld und Muße für geistige Dispute hatten. Die Kontrolle über die Besitzströme konnte so wunderbar in die Kontrolle der Geistesbewegungen umgewandelt werden und bis zur Aufklärung war das katholische Europa eine geistige Theokratie, vergleichbar dem Mullah-Regime im Iran. Auf Grund der vielen Protestbewegungen ist die weltliche Macht der Kirche derzeit geschwächt, aber noch lange nicht besiegt. Nach dem Verlust der weltlichen Kirchenstaaten im 19. Jhdt. konnten sich die Priester endlich ihres geistigen Auftrags besinnen und sich ganz dem Glauben widmen, für den sie weiterhin das uneingeschränkte Monopol beanspruchen. Das Eindringen von Freigeistern, Buddhisten, Hinduisten und Moslems in die katholische Machtsphäre wird daher mit der eindringlichen Warnung vor bösem Sektierertum gekontert. Seit Jahrzehnten werden die Medien mit Exzessen teuflischer Sektenführer gefüttert, mit dem Vorteil, dass das Tun von Kirchenführern sakrosankt bleibt und nette Kleinigkeiten wie Pädophilie, Missbrauch und Frauenverachtung kleingeredet werden können. Von der hartnäckigen Missachtung weiblicher Intelligenz kann man wunderbar ablenken, indem man über die Kopftücher der Muslimas schimpft.

Je gebildeter die Schäfchen werden und, Gott bewahre, womöglich Kirchen- und Bibelgeschichte erforschen, die Deutungen der Kirchenfürsten nicht mehr hinnehmen, desto mehr treten aus der Kirche aus. Es genügt allerdings nicht, auszutreten, die geistigen Trolle bleiben im Hirn, manipulieren dich weiter und der Vatikan kann weiterhin alles so drehen, dass keiner gegen ihn vorgeht, egal wie oft er mit seinen Verbrechen in der Zeitung steht. Dabei lassen sich alle Propagandalügen des Vatikans mit konkreten Fakten widerlegen, es tut nur niemand, weil die ungeschriebene Macht der Kirche immer noch weiterwirkt.

Immer noch fallen alle auf den falschen Gründungsmythos von der barmherzigen Kirche rein, ohne die es kein Heil gibt. Dabei sorgte sie von Anfang an für Unheil, wie unzählige Historiker belegt haben (Gibbon 1788, Deschner 1973, Nixey 2019). Von Liebe und Barmherzigkeit war da nie die Rede. Wenn Papst Ratzinger sich die Liebe Gottes auf die Fahnen heftet, so sollte man ihn an seine Taten als Chef der Glaubenskongregation erinnern, der klugen Köpfen wie Küng, Holl und den Befreiungstheologen die Lehrbefugnis entzogen hat. Trotz aller historischen und bibelexegetischen Erkenntnisse wirken Evas Apfel, Kainsmal, Erbsünde, Sintflut, Babylon, Apokalypse und vieles mehr als destruktive Bilder weiter und verstärken den Glauben an den kommenden Weltuntergang.

Kirchenaustritte und kaum besuchte Messen täuschen über den Einfluss des Katholizismus hinweg. Zwar sind in Österreich nur mehr 55% der Bevölkerung Taufscheinchristen. Davon die Hälfte tritt nur aus Gewohnheitsgründen nicht aus, praktiziert den katholischen Glauben de facto nicht mehr. Dennoch wirken die katholischen Strukturen im täglichen Leben weiter und zerstören beispielsweise die Strukturen der helfenden Berufe, die sehr oft von ausgetretenen Katholiken und abgesprungenen Priestern ausgeübt werden.

Laut kirchlicher Ansicht haben soziale Tätigkeiten unentgeltlich zu sein, sonst helfen sie dem Seelenheil nicht. Solange Nonnen, Mönche und Priester caritativ tätig waren, funktionierte das, denn die wurden ja aus dem überreichen Kirchenschatz bezahlt und alimentiert. Die caritative Tätigkeit der Kirche ist keineswegs kostenlos, sie wird aus den diversen Kirchensteuern finanziert, inzwischen großteils aus Steuergeldern, mit denen der Staat die Kirche quersubventioniert. Die Helfer, die sich aus den Autoritätsstrukturen der Kirche befreit haben, sind nur scheinbar frei. Die säkulare Helferkonkurrenz wird mit einem geistigen Troll der Kirche lahmgelegt: Die katholische Regel, dass Helfen umsonst sein muss, ist nicht aus unseren Hirnen zu kriegen. Auch Anti-Klerikale müssen damit leben, dass Helfen wertlos und unbezahlt ist, in sozialen Tätigkeiten gibt es ohne Kirche kein Heil, auf jeden Fall kein Auskommen. So werden elegant die mitfühlenden Frauen bestraft, wenn sie den Pfaffen nicht mehr zuhören. Was müssen sie auch in einem wertlosen Sozialberuf arbeiten und dort unnötigerweise der Kirche Konkurrenz machen? Selber schuld, wenn sie einmal nur die Mindestpension kriegen, während Bischöfe in Pension sich auf fürstliche Landsitze zurückziehen können.

Die „gottlose" Gegenwart

Nach 500 Jahren Revolution, blutigen Glaubenskriegen, harten Kämpfen ums reale Überleben im Diesseits, wissenschaftlichen Revolutionen und dem Sieg der Naturwissenschaft fühlen sich die gebildeten Europäer frei vom Einfluss der Kirche, sofern sie diesen nicht freiwillig als getaufte Christen akzeptieren. Seit Nikolaus Kopernikus und Giordano Bruno haben die Klugen um die Freiheit des Geistes gekämpft, nun ist sie endlich da. Doch ist dies so oder täuschen sich die vermeintlichen Freigeister?

Sehen wir uns die Realität des Glaubens im 21. Jhdt. an (Meulemann 2018):

In den letzten 200 Jahren wurde der Einfluss der Kirche Schritt für Schritt zurückgedrängt. Die Säkularisierung bezeichnet historische Ereignisse, die den Einfluss der Kirche einschränken: Verstaatlichung von Kirchengütern in Deutschland 1803; Laiisierung kirchlicher Tätigkeiten 1805. Aufhebung des religionsspezifischen Unterrichts 1945. Daneben ist auch eine Veränderung der Haltung der Bürger zur Religion zu verzeichnen. Religionen sind Welterklärungen, deren Deutungen sich auf jenseitige Quellen beziehen und die durch Zugehörigkeit, Glauben und gemeinsame Rituale gekennzeichnet sind. Religiosität ist der Durchschnitt der Intensitäten ihrer Mitglieder und ist in den letzten 100 Jahren stark gesunken. Säkularisierung geht mit einem Autoritätsverlust der Kirche über die Lebensführung des Einzelnen einher. Beides ist durch die Pluralisierung der Gesellschaft und damit vermehrten alternativen Angeboten bedingt. In Westeuropa war die Säkularisierung freiwillig, in der DDR erzwungen. In der orthodoxen Kirche lebt die Religiosität nach dem Ende des Kommunismus wieder auf. Die USA haben eine exzeptionale Stellung: Die protestantischen Sekten haben die Demokratie gefördert und sind daher Verbündete des Staates. Die Vielzahl der Kirchen fördert Konkurrenz und Engagement. Die Bevölkerung der USA unterstützt christliche, diejenige Europas naturalistische und existentialistische Weltbilder. In Summe wird der Unterschied aber überschätzt und geht auf die verschiedenen Konfessionen zurück (USA - Protestanten, EU - Katholiken).

Der Anteil der Religionsmitglieder an der Bevölkerung ging weltweit von 1910 bis 1970 von 99% auf 81% zurück. Bis 2010 stieg er auf 86%, was hauptsächlich auf das Ende der Kommunismus zurückzuführen ist. Der Anteil des Christentums blieb in dieser Zeit durch die außereuropäischen Missionserfolge mit 33/34% konstant, die Hindus blieben bei 13%, die Buddhisten fielen von 7,9% auf 5,8%, der Islam stieg von 12% auf 21%. Bei der Messung der Glaubensintensität ist ein Übergewicht der Säkularisierung über die Revitalisierung der Kirchen feststellbar, wobei die Länder sehr unterschiedlich strukturiert sind: die Türkei ist dominant islamisch, Brasilien dominant christlich, Japan differenziert aber wenig pluralistisch.

Kirchgang und Religiosität zeigen 4 Typen:

Beides hoch: konsistente Religiosität

Kirchgang ohne Religiosität: habituelle Religiosität

Glauben ohne Kirchgang: individualisierter Glauben

Beides niedrig: Säkularität

In Summe zeigt sich länderspezifisch ein sehr unterschiedliches Bild, das eine weltweite Säkularisierung ebenso wenig bestätigt wie eine Revitalisierung der Religionen.

Die Macht der Kirche ist zwar in Deutschland gesunken, weltweit aber keineswegs. Deutschland ist sozusagen eine Ausnahme, hier wirken die Gräuel der niedergeschlagenen Proteste nach und ist die katholische Kirche schon lange unglaubwürdig. In Lateinamerika und Afrika nimmt dafür der Einfluss der Kirche zu, ebenso die Macht der Evangelikalen in den USA, des Islam im Nahen Osten, des Hinduismus in Indien und des Konfuzianismus in China. Die

Zunahme radikaler Gläubiger in allen Weltreligionen, die zur gewaltsamen „Verteidigung es Glaubens“ bereit sind, nimmt in den letzten 20 Jahren ein beunruhigendes Ausmaß an. Es sei daran erinnert, dass der Glaubensfeldzug der USA gegen diverse islamische Länder von einem wiedererweckten Christen gestartet wurde, in der subjektiven Gewissheit, das Richtige im Sinne Gottes zu tun und eine Achse des Bösen zerstören zu müssen. Diese Rhetorik erinnert eklatant an die Zeit der Kreuzritter und wird von den Moslems auch so aufgefasst. Von der Achse des Bösen sind bereits Libyen, Syrien, Irak und Afghanistan nachhaltig destabilisiert, derzeit ist der Iran an der Reihe. Es sollte allen klar sein, dass dieser pseudoreligiös begründete Fanatismus nicht dem Weltfrieden dient, sondern ihn ganz im Gegenteil massiv gefährdet.

Es darf daran erinnert werden, dass ein Drittel aller Menschen Christen sind, diese besitzen 50% der Weltressourcen und 70% der Waffen, wobei die USA, Russland, Deutschland, England und Frankreich die größten Waffenproduzenten sind. Die meisten Kriege werden nach wie vor von Christen begonnen und dienen der Verteidigung „christlicher“ Interessen. Daran ändert die Verteufelung von ein paar tausend Dschihadisten gar nichts.

Religiöse Machtstrukturen

Die meisten Macht-, Unterdrückungs- und Gewaltstrukturen der Gegenwart lassen sich auf einen kirchlichen Ursprung zurückführen, was nicht verwunderlich ist, da bis zur Französischen Revolution die katholische Kirche das größte Machtkonglomerat der Weltgeschichte bildete. Der Sündenkatalog der Kirche entspricht weitgehend ihrer eigenen Auflistung von Todsünden:

Der Hochmut der Kirchenfürsten schlägt nach wie vor alles. Politiker werden abgewählt, Wissenschaftler widerlegt,

Betriebswirte schickt man in Konkurs, wenn sie sich nicht bewähren. Verdorben durch den absoluten Anspruch der Unfehlbarkeit können Bischöfe schalten und walten, auch wenn sich das ganze Kirchenvolk gegen sie erhebt, dazu gibt es in Österreich und Deutschland dutzende aktuelle Beispiele.

Die Intoleranz gegenüber der Meinung anderer hat Schaden angerichtet, solange Kirchgänger auf die Priester hörten. Ledige Frauen und Kinder büßen bis heute für ein verschrobenes Wertesystem, das Liebe nur schätzt, wenn sie vom Priester abgesegnet ist. Gier und Völlerei der Pfaffen ist das Thema zahlreicher antiklerikaler Spottlieder. Bei der Unkeuschheit bleibt dem Wissenden die Sprache weg angesichts der Doppelmoral, die den Mächtigen alles erlaubte und die Armen auf den Scheiterhaufen brachte. Päpste und Kardinäle hielten sich in der Renaissance eigene Hurenhäuser und verbrauchten jede Menge Geliebte, die keinerlei Rechte hatten, weil natürlich die Frauen die Sünderinnen waren und nicht die Priester. Das natürliche Körperempfinden vieler Generationen wurde durch die Verteufelung der Sexualität verkrüppelt, während die Priester ungeniert Kinder missbrauchten und diesbezüglich bis heute kein Unrechtsbewusstsein haben. Die geistige Manipulation der Massen wurde mit der göttlichen Wahrheit der Bibel begründet und zu einem staatlichen Propagandainstrument verfeinert. Die Kollaboration mit den kirchlichen Stellen war und ist heute noch in vielen Ländern die einzige Möglichkeit, in Frieden sein Leben führen zu dürfen. Die Bespitzelung der Untertanen ist eine katholische Erfindung, denn die Leute des Papstes saßen überall und jeder musste ihnen alles beichten, selbst die geheimsten Gedanken. Niemand kann beweisen, ob die Priester das Beichtgeheimnis einhielten oder nicht, der Lauf der Geschichte legt aber den Verdacht nahe, dass im Zweifelsfall die Macht der Kirche mehr zählte als das Recht des Einzelnen auf sein Geheimnis. Wobei der Rapport bei kirchlichen Vorgesetzten sowieso nicht als Bruch des Beichtgeheimnisses galt. Bis zur Erfindung von CIA und KGB hatte der Vatikan somit die besten Intelligenzdienste der Welt.

Die Kirche begründete ihre Existenzberechtigung mit der Notwendigkeit, Dämonen zu vertreiben und auszutreiben, der Exorzismus ist nach wie vor eine offizielle Methode der Kirche. Dabei wurden die meisten Dämonen erst von der Kirche gemacht, um Angst und Schrecken zu verbreiten. So wurde der einst segensreiche Gott Baal zu Belzebub, der griechische Bacchus wurde zum Teufel, die keltische weibliche Dreifaltigkeit wurden zu Hexen. All dies diente dem Zweck, alle Gläubigen als Sünder zu kriminalisieren, die nur von der Gnade der Kirche Erlösung zu erwarten hatten.

Die in der Antike übliche Vielfalt der Glaubensvorstellungen wurde vom Katholizismus auf die christliche Trinität reduziert, wobei sich die Kirchenväter nicht scheuten, die Glaubensinhalte ihrer Konkurrenten zu schlucken und als christliche auszugeben. Wesentlich dabei war die Macht der Bischöfe und Päpste, fremde Glaubensbilder bei Bedarf für heilig zu erklären, andere nach Gutdünken zu verteufeln. Diese Willkür im Umgang mit religiösen Bildern hat wesentlich zur Neurotisierung der europäischen Bevölkerung beigetragen. Wenn ein religiöses Bild heute als heilig gilt, morgen aber schon des Teufels sein kann, dann entsteht eine tiefe Unsicherheit im Selbstbild der Gläubigen, die zum Zerbrechen der Ich-Strukturen des Individuums führen kann. Religiöser Wahn ist eine der schlimmsten Formen der Schizophrenie und weit verbreitet. Dies lässt sich von der europäischen Religionsgeschichte mit all ihren Absurditäten nicht trennen.

Wie die Kirche die Praxis der Ketzer- und Hexenverbrennung nachträglich rechtfertigt, ist ein schlagendes Beispiel von verantwortungsscheu. Statt ihre Verbrechen aufzuarbeiten, benutzt die Kirche ihr gesamtes theologisches Arsenal, um diese Gewaltverbrechen schönzureden. Das wäre halt eine andere Zeit gewesen, im finsteren Mittelalter seien die Menschen so brutal gewesen, das war normal. Daran ist alles falsch: die Inquisition ist ein Phänomen der machtgierigen Neuzeit, die unterdrückten Massen im Mittelalter waren keineswegs gewalttätig, vielmehr Gewaltopfer der Mächtigen.

Die gepriesene Friedensliebe der Kirche schließlich ist pure Heuchelei. Heiden abschlachten, Ketzer verbrennen, Hexen foltern, Waffen segnen – was davon soll friedliebend sein?

Der weltliche Einfluss der Kirchen wird sträflich unterschätzt

Kaum jemand glaubt noch an die Dogmen der Kirche, selbst von den Taufscheinchristen sind die meisten keine überzeugten Katholiken mehr. Es wäre aber ein Trugschluss zu glauben, dass der weltliche Einfluss der Kirche ebenso schwindet wie der spirituelle. Die Kirche ist zu einem weltlichen Machtapparat degeneriert, der über moralische Vorschriften Macht ausübt. Die Kirchen beherrschen nach wie vor alle religiösen Diskussionen mit Hilfe eines staatlich geförderten Machtapparats, mit Staatsverträgen, Schulmonopolen und einem unendlichen Reichtum im Rücken, der in 1.000 Jahren zusammengeklaut worden ist. Die Kirchen sind das einzige Machtsystem unserer Demokratie, das an den Universitäten eine eigene Fakultät hat, die mit riesigem Personal weiterhin geistige Verwirrung produzieren darf und sich auch noch als einzige spirituelle Autorität aufführt, verkleidet im Mantel der "Bibelwissenschaft", die alle historischen Fakten zur Religionsentstehung mit einem Wust an Nebelkerzen und Verschleierungstheorien umgibt.

Österreich ist, was den Katholizismus betrifft, immer noch krypto-theokratisch. Die Kirche hat unglaubliche Sonderrechte und geklaute Reichtümer, die ein Skandal sind, kann nach wie vor

Kinder missbrauchen, verachten und verleugnen, ohne dass die Priester zur Verantwortung gezogen werden, demütigt nach wie vor die Frauen und sie lässt sich ihr Personal von den österreichischen Steuerzahlern finanzieren, auch von denen, die aus Abscheu vor dem ganzen Prunk und Protz aus der Kirche ausgetreten sind. Katholische Privatschulen werden vom Staat finanziert, alle anderen Privatschulen müssen die Eltern selbst finanzieren.

Die katholische Kirche kam 313 nZ durch einen grausamen Kaiser an die Macht und kann bis heute nicht davon lassen. Ihre wichtigste Erfindung ist der Klingelbeutel, der einem bei allen möglichen Gelegenheiten unter die Nase gehalten wird.

1933 schloss der Vatikan einen Staatsvertrag (Konkordat) mit dem austrofaschistischen Diktator Engelbert Dollfuß, der Österreich verpflichtete, die katholischen Religionslehrer zu bezahlen. Bis heute spart sich die katholische Kirche die Kosten dafür, dass sie österreichische Kinder mit Hölle, Teufel und Erbsünde indoktriniert und ängstigt.

Jetzt setzt das österreichische Finanzministerium der Kirche erstmals eine Grenze. Das Gesetz sieht vor, dass jeder Religionslehrer pro 10 katholischer Kinder, die er unterrichtet, eine Unterrichtsstunde bezahlt bekommt. Da es heute um ein Drittel weniger Katholiken gibt als früher, müsste die Zahl der vom Steuerzahler bezahlten Religionsstunden entsprechend gesunken sein.

Aber da sei das Weihwasser vor: Die Kirche hat viele Posten zu vergeben, die sie nicht zu bezahlen braucht, die lässt sie sich nichts wegnehmen. Mit einem einfachen Trick wurde das Sinken ihrer Pfründe verhindert. Mit viel Propaganda brachte man die Eltern dazu, auch den größten Teil der ungetauften Kinder in den katholischen Unterricht zu schicken und alles blieb wie gehabt.

Nun vollzieht der Staat das Gesetz so, wie es ist. Die Personalkosten werden nach der Anzahl der teilnehmenden Katholiken bezahlt, die „Gottlosen“ haben kein Recht auf katholische Indoktrination und schon gar nicht auf Kosten der gottlosen Steuerzahler. Ein Aufschrei geht durch das Land. Der böse Staat bekämpft und behindert die Religionsausübung! Der soll gefälligst weiter alles zahlen, was der Kirche wichtig ist. Das Verfassungsrecht der Religionsfreiheit wird von der Kirchenlobby zum Recht auf kirchliche Manipulation umgedeutet, alle geistigen Basisbewegungen werden als "Sekten" "Neoheidentum" und "Esoterik" diffamiert.

Kirchenfreie Alltagsspiritualität

Die Kirchen dieser Welt präsentieren sich trotz Aufklärung und Naturwissenschaft immer noch als Hüter der Spiritualität. Das Gegenteil ist wahr! Die großen Religionen sind längst zum Hindernis für die spirituelle Entwicklung der Menschheit geworden, weil sie auf Macht gebaut sind.

Die Menschheit kam 200.000 Jahre lang ohne Kirchen aus. In der Urreligion des Schamanismus gab es weise Seher und Heiler, die man um Rat bitten konnte, sie hatten aber keine Macht über die Menschen. Jeder Mensch war spirituell und lebte ganz selbstverständlich in einem geistigen Kosmos, den er mit seinen eigenen Sinnen erspürte und erforschte. Jede Bewegung in der materiellen Welt hatte auch eine geistige Seite. Spirituelle Empfindung wurde täglich an der Natur überprüft, eine Spaltung der beiden Welten war nicht möglich, bzw. wurde täglich durch die direkte persönliche Erfahrung aller Clan-Mitglieder korrigiert.

Die großen Religionen der Macht gibt es erst seit 2.500 Jahren. Sie wurden von den Herrschern der großen Reiche erschaffen, um ihr Völker nicht nur mit materieller, sondern auch mit geistiger Macht zu kontrollieren. Die sagenhaften Gründer waren Weisheitslehrer, die mit Macht nichts am Hut hatten und wurden meist Jahrhunderte später durch Umdeutungen von mächtigen Herrschern missbraucht, als niemand mehr die Legenden überprüfen konnte, die man ihnen nachträglich zuschrieb. Ohne die von oben verordnete Verbreitung durch die Herrscher gäbe es keine einzige Weltreligion: Kein Christentum ohne den römischen Diktator Konstantin, keinen Buddhismus ohne Kaiser Ashoka, keine Zarathustra-Religion ohne die persischen Großkönige, keinen Taoismus oder Konfuzianismus ohne die Han-Kaiser, keinen Islam ohne die Kalifen von Damaskus und Bagdad.

Die Auswirkung dieser geistigen Machtvergiftung war und ist desaströs. Die Untertanen durften nicht mehr der eigenen Wahrnehmung vertrauen, sondern mussten die Interpretationen der Kirchenfürsten „glauben", egal wie absurd und fern jeder Realität die Dogmen auch waren. Dies diente vor allem der Unterdrückung der weiblichen Spiritualität und des großen Weisheitsschatzes die Naturvölker, der in einem absurden „Bekehrungs"-Feldzug rund um den Globus vernichtet wurden. Ohne diesen Feldzug der Macht gäbe es heute nur kleine Meditationsschulen der Anhänger von Jesus, Buddha oder Laotse neben hunderten anderen Anhängern großer Weisheitslehrer, die sich im Sinne ihrer LehrerInnen jedem Krieg und jeder Unterdrückung verweigern würden, um ihr spirituelles Wachstum nicht zu gefährden.

Das Wort „Religionskrieg" ist ein Widerspruch in sich, ist aber das entlarvende Kennzeichen der Machtreligionen. Durch die europäischen Religionskriege kam die Spiritualität so in Verruf, dass die empirische Wissenschaft der geistigen Welt jede Realität abspricht und spirituelle Menschen als „verrückte Esoteriker" abwertet.

Es ist kein Zufall, dass vor allem Frauen in einer neuen spirituellen Basisbewegung ihre geistigen Kräfte wiederentdecken, als Heilerinnen die Ganzheit der Erde wiederherstellen und den Machttempeln aus Stein keine Energie schenken.

III. Heilung ohne Hierarchie

Keine Energie mehr für anachronistische Patriarchate

Derzeit konzentriert sich die Religionskritik auf den politischen Islam, dessen Auswüchse als Bedrohung unserer Gesellschaft wahrgenommen werden. Dabei kann der Katholizismus sich wieder als Verteidiger des Abendlandes präsentieren und von seinem Wirken ablenken. Dabei ist es müßig, darüber zu streiten, ob der Katholizismus oder der Islam das schlimmere Patriarchat ist. Beide sind einander ebenbürtige Zweige desselben vergifteten Baumes, beide haben Millionen Gewalttaten zu verantworten und beide unterdrücken Frauen bis heute. Nach neueren Forschungen ist der Islam eine späte Abspaltung vom syrisch-aramäischen Christentum. Die Monophysiten predigten dort einen strengen Monotheismus und genau dies findet sich im Koran wieder (Es gibt keinen Gott außer Gott).

Im 7. Jhdt. hatte sich das Christentum längst zu einer Religion der Krieger radikalisiert, der Hl. Augustinus rechtfertigte dies mit einer Abhandlung über den "gerechten Krieg". Die Araber schauten sich das Krieg-Führen von den byzantinischen Christen ab, die die Araber 300 Jahre lang in ihre Kriege gegen Persien verstrickten. Zur Zeit Mohammeds war Arabien von Persien besetzt, das einen Entscheidungskampf gegen Byzanz führte, den es letztlich verlor. Die Araber wurden jeweils als Verbündete der beiden Mächte in den Streit verwickelt. Wahrscheinlich hat Kaiser Heraklios die Hedschra nach Medina ermöglicht, um die Perser von dort fernzuhalten, während die Perser die Juden in Arabien förderten, um das Christentum fernzuhalten (Bowersock 2019). In der Gewaltbereitschaft gab es zwischen Christen und Muslimen keinen Unterschied, wenn überhaupt, dann schneiden die Moslems besser ab. Die Kalifen waren gegenüber Christen viel toleranter als umgekehrt, da Mohammed Christus als seinen Vorgänger ansah.

Die christlichen Gemetzel der Kreuzzüge, der Reformationskriege und der Kolonialisierung gelten den Arabern bis heute als die größte Zivilisationskatastrophe der Neuzeit. Zwar hat der Papst seit 150 Jahren keinen Kirchenstaat mehr und kann nicht mehr zum Heiligen Krieg aufrufen, wie er es 1. 000 Jahre lang getan hat. Das christliche Abendland gegen den militanten Islam zu verteidigen ist aber ein Anachronismus aus dem Mittelalter. Katholizismus und Islam sind beinahe identische Früchte desselben monotheistischen Radikalpatriarchats. Vor 60 Jahren waren die europäischen Frauen noch genauso rechtlos wie heute viele Muslimas, trugen Kopftücher und mussten bei allem ihren Mann um Erlaubnis fragen. Die Frauen im Iran, Irak, Saudi-Arabien und Pakistan beginnen gerade den Freiheitskampf, den die Europäerinnen gerade hinter sich haben und sie werden ihre Mullahs genauso entmachten, wie es den Europäerinnen mit ihren Priestern bereits gelungen ist.

Ohne religiöse Toleranz geht die Welt zugrunde

Jeder Mensch ist spirituell. Wir haben eine eigene Hirnregion, in der unsere geistigen Gedanken gespeichert und weiterentwickelt werden. Gedanken über das Jenseits und über das göttliche Universum sind tröstlich und geben den Menschen innere Kraft.

Was gar nicht tröstlich ist, sind die geistigen Vergewaltigungen, die durch die imperialen Weltreligionen in aller Welt angerichtet wurden und werden. Religiöse Hierarchien sind nicht nur unnötig, sondern in höchstem Maße destruktiv und für die meisten Kriege und psychischen Krankheiten verantwortlich. Der Herrschaftscharakter der großen Weltreligionen entlarvt sich im Anspruch, die alleinige Wahrheit zu besitzen und deswegen alle anderen bekehren oder töten zu dürfen. Dies ist in sich ein Widerspruch zum Gedanken an einen allmächtigen, allumfassenden und allbarmherzigen Gott. Wenn der Kosmos aus 100 Milliarden Galaxien ein allumfassender göttlicher Raum ist, wie kann sich dann eine regionale Priesterkaste in Rom oder Mekka anmaßen zu behaupten, dass nur in Bibel oder Koran die einzige göttliche Wahrheit steht? Dies ist ein solch geselchter Unsinn, dass kein Mensch mit Schulbildung von solcher Rattenfängerei beeindruckt sein kann.

Bis vor 2.000 Jahren war die Menschheit äußerst tolerant gegenüber den Glaubens-Vorstellungen anderer. Die Intoleranz ist eine Krankheit des Monotheismus, den es erst seit kurzem gibt. Intoleranz macht spirituell keinerlei Sinn, notwendig ist sie nur als Herrschaftsinstrument. Die unheilvolle Legierung von Spiritualität und Macht hat uns an den Rand des Abgrunds geführt und die Fanatiker sind bereit zum Sprung ins Nichts. Es ist höchste Zeit, alle religiöse Macht abzubauen und zu zerstören, bevor sie weiter die Welt zerstört. Nur die Rückkehr zur Toleranz der Naturvölker kann uns vor dem finalen Vernichtungskrieg retten. Armageddon ist eine Vorstellung der Bibelreligionen, sie warten seit 2.000 Jahren auf die Vernichtung der Welt. Es ist keine gute Idee, diese destruktive Erwartung Wirklichkeit werden zu lassen.

Entmachtung religiöser Hierarchien

Die Revolutionen von 1789, 1848 und 1917/18 haben die Macht der Kirchen jeweils für kurze Zeit beendet, sie wurden von Kaisern und Königen aber bald wieder in Amt und Würden eingesetzt. So sind der Papst und der Patriarch von Moskau wieder so mächtig wie zuvor und bekräftigen die alten patriarchalischen Prinzipien, während die sozialen Anliegen in den Hintergrund gedrängt und marginalisiert werden.

Das Anliegen der Revolutionäre der Neuzeit bleibt also noch zu erfüllen: Macht und Reichtum der Kirche muss zerschlagen werden, damit sie in Zukunft nicht mehr die altbekannte geistige und soziale Ausbeutung der Basis aufrechterhalten kann, die historisch ausreichend in ihrer Destruktivität belegt ist.

Der Papst als absolutistischer mittelalterlicher Monarch mit religiösem Alleinvertretungs-Anspruch ist ein Anachronismus, der in die Herausforderungen der Gegenwart in keiner Weise passt und die notwendigen Entwicklungen mehr hindert als fördert. Das freundliche Gesicht von Papst Franziskus kann über die Wirkung der Kurie nicht hinwegtäuschen, scheitert er doch selbst an der konservativen Betonfraktion unter den Kardinälen. Die Päpste der letzten 60 Jahre reden viel von Reform, handeln aber allesamt reaktionär. Johannes XXIII. sorgte zwar für eine deutschsprachige Liturgie, das änderte an den verkrusteten Strukturen genau gar nichts. Paul VI. stoppte im Alleingang eine Reform der Sexualmoral und verschärfte damit die Bevölkerungsexplosion. Johannes Paul II. besiegte zwar den Kommunismus in einem antisozialen Feldzug, setzte aber erzkonservative Bischöfe ein, um das Kirchenvolk auf Linie zu bringen. Benedikt XVI. setzte sowohl als Kurienkardinal wie als Papst seine konservative Linie durch, die jede Reform verhindert. Alle Dogmen, Zölibat, Frauenfeindlichkeit wurden einbetoniert. Somit bleibt unbeantwortet, wozu die Welt eigentlich einen Papst braucht, außer um den notwendigen Lauf der Zeit aufzuhalten.

Im Anbetracht der destruktiven Rolle der Kirche in den letzten 1.600 Jahren, all der Schuldzuweisungen, Gewaltausübung, Angstmache, Bereicherung und geistigen Einschüchterung, Entmündigung, Leugnung und Wahrheitsverdrehung, angesichts der vielen falschen Behauptungen, die als göttliche Wahrheit verkauft werden und der unzähligen Dogmen, die entweder heidnischen Ursprungs sind oder reiner Machterhalt, ist es höchste Zeit, dass die Epoche dieser reaktionären Machtelite zu Ende geht. Dies ist kein Ende der Spiritualität, sondern im Gegenteil notwendige Voraussetzung für eine Freilegung der spirituellen Kräfte in der Welt, die in den letzten 1.600 Jahren behindert und gelähmt worden sind.

Will das Christentum noch irgendeine Bedeutung für die Zukunft haben, muss es einen Neustart beim Jesuanischen Kern vor der Konstantinischen Kollaboration wagen. Die urchristliche Sozial- und Seelenlehre kannte weder Hierarchien noch Macht, noch unverständliche Theoriegebäude. Sie lehrte Liebe, Gleichheit, soziales Mitgefühl und seelisches Wachstum. All diese Werte wurden vom Papsttum verraten und als scheinheilige Tünche des Machtstrebens entwertet.

Die Kirche ist zu zerschlagen, die Entscheidungen in die Basisgemeinden zu verlegen, die in gemeinsamen Abstimmungen ihr spirituelles Leben bestimmen und abstimmen. So wie es im Urchristentum unzählige Meinungen und Bilder gab, die das Christentum entwickelten und in alle Himmelsrichtungen ausbreiteten. Jede Belehrung und Richtigstellung „falschen Glaubens" hat zu unterbleiben, vor allem angesichts der grausigen Ketzerverfolgungen, die die Kirche bis heute schönredet.

In demokratischen, verfassungsgebundenen Republiken ist Spiritualität Recht und Privatsache jedes einzelnen. Es ist ungeheuerlich, dass Kirchen immer noch glauben, den einzelnen ihren Glauben vorschreiben zu müssen, dies zeugt von eklatanter spiritueller Unkenntnis sogenannter Glaubensführer. Nicht nur der politische Islam ist zu bekämpfen, sondern auch der politische Katholizismus, denn jede religiöse Machtausübung ist eine potentielle Behinderung der spirituellen Entwicklung der Menschen.

Juristische Aufarbeitung

Die EU besteht aus 27 Demokratien, die sich an ihre geschriebenen Verfassungen halten, damit für ihre Bürger Rechtssicherheit besteht. Der Vatikan ist ein exterritoriales Gebiet in Italien, das an keinerlei Verfassung und keinerlei Völkerrecht gebunden ist. Ein derart rechtsfreier Raum, der nur an die Autokratie eines einzelnen

Mannes gebunden ist, widerspricht allen Regeln der Europäischen Union und kann nicht länger geduldet werden.

1. Der Vatikanstaat ist rechtswidrig zustande gekommen. Der faschistische Diktator Mussolini hat im Alleingang außerhalb des Verfassungsbogens italienisches Gebiet dem Papst geschenkt. Da die Mussolini-Diktatur abgeschafft ist und alle faschistischen Gesetze aufgehoben sind, ist es ein haltloser Zustand, dass diese Schenkung eines Diktators immer noch gelten soll. Der Vatikan-Staat ist aufzulösen und alle seine Mitarbeiter sind italienischem Bürgerrecht zu unterstellen.

2. Die Konkordate des Vatikans mit Deutschland (1933), Österreich (1933), Italien (1929) und Spanien (1953) sind mit faschistischen Diktaturen geschlossen und daher ebenfalls hinfällig. Die diversen Sonderrechte der Kirche, die sie außerhalb der demokratischen Gesetze stellen, was nobel mit „Kirchenrecht" umschrieben wird, sind rechtswidrig und hinfällig, da sie in diverser Weise den Glcichheitsgrundsatz unserer Verfassungen verletzen.

3. Das sogenannte Kirchenrecht ist auf sein verfassungsmäßiges Zustandekommen zu überprüfen und gegebenenfalls außer Kraft zu setzen. Die meisten kirchenrechtlichen Bestimmungen sind durch Betrug und Fälschungen im Mittelalter zustande gekommen oder von autokratischen Kaisern verliehen. Da alle diese undemokratischen Kaiser-, Königreiche und Fürstentümer spätestens 1918 abgeschafft und verboten wurden, ist es unzulässig, dass die von Autokraten verliehenen Lehensrechte allein für die Kirche fortbestehen.

4. Kirchen sollten basisdemokratisch und ohne Hierarchie organisiert sein, um die Glaubensfreiheit des Einzelnen zu schützen. Dies geschieht, wenn die Pfarrgemeinden zu autonomen Entscheidungsträgern werden, die nach dem Vereinsrecht gestaltet sind und sich an dieses halten. Jede

Pfarrgemeinde kann einen Verein bilden, in dem demokratisch abgestimmt wird über Bräuche und Vereinshandlungen. Alle Mittel der Kirche, die sich auf Gemeindegebiet befinden, sind dem Pfarrverein zu überstellen und vereinsrechtlich zu verwalten. Der Pfarrgemeinde steht es frei, einen Priester oder Gemeindesvorsteher nach ihren eigenen Vorstellungen zu wählen, zu bestellen, zu bezahlen und auch wieder abzuwählen. Gewählte Priester haben sich nach den Bedürfnissen der Gemeindemitglieder zu richten, nicht aber nach Weisungen aus Rom.

5. Alle Dogmen, die ab 325 nZ zwecks Machtergreifung des Katholizismus geschaffen wurden, sind abzuschaffen, da sie mit der Lehre Jesu nichts zu tun haben und auch nicht von diesem initiiert wurden. Gemeinden steht es frei, sich an bestimmte überlieferte Regeln zu halten, sofern es für die spirituelle Entwicklung der Mitglieder sinnvoll erscheint. Die lebendige Spiritualität in der Gemeinde kann aber auch zu ganz neuen und individuellen Regeln führen. Den Prinzipien des Vereinsrechts entsprechend führt dies zu Freiheit und Vielfalt der ethischen Entfaltung.

6. Sofern mehrere oder viele Gemeinden dies wünschen, können sie einen Bischof oder Vorsteher wählen und bezahlen, müssen das aber nicht. Sie können auch ein Bistum jederzeit wieder verlassen, der Bischof ist den Gemeinden rechnungspflichtig und nicht einem Papst. Je nach Zahl der Bistumsmitglieder darf das Bistum die bestehenden Gelder der Diözese behalten. Bistumsbesitz unklarer Herkunft und unklaren Verwendungszwecks ist dem Staat, dem Land oder der Stadtgemeinde zurückzugeben.

7. Das Papsttum ist auf seine ursprüngliche Funktion des Bischofs von Rom zu begrenzen und dauert solange an, solange römische Pfarrgemeinden einen Papst wählen und bestätigen. Der Papst hat keinerlei Weisungsrecht und ist auf die Funktion

einer moralischen Autorität beschränkt. Die Kurie und die vatikanische Regierung sind überflüssig und abzuschaffen.

8. Die Prinzipien, in die sich die Kirche einfügt, stellt sie mit allen anderen Religionsgemeinschaften in der EU gleich. Gleiches Recht für alle, daher gleiches Recht für alle Religionen, keinerlei Sonderrechte nur weil es sich um die größte und hierarchischste Kirche der Welt handelt. Diese Gleichstellung aller spirituellen Gemeinschaften ist nach dem Gleichheitsprinzip jederzeit einklagbar und anders gar nicht möglich, will sich der Verfassungsstaat nicht selbst ad absurdum führen. Die demokratische Gleichheit spiritueller Religionsausübung sichert Freiheit und Vielfalt des spirituellen Denkens.

Entmannung und Demokratisierung: Priesterinnen

Die Emanzipation hat in allen Organisationen Einzug gehalten, sogar in Politik und Wirtschaft. Die österreichische Bundesregierung hat erstmals mehr Frauen als Männer. Nur der Vatikan beharrt darauf, dass Heiligkeit ein rein männliches Phänomen sei.

Die Kirche hat hinlänglich ihre Unfähigkeit bewiesen, mit dem Thema Gleichberechtigung auch nur annähernd in adäquater Form umgehen zu können. Dies, obwohl die Mehrheit der Gläubigen weiblich ist und die Pfarrgemeinden hauptsächlich durch das unentgeltliche Engagement von Frauen getragen sind. Bevor die Kardinäle auch noch die letzten Frauen aus der Kirche vertreiben, ist es Zeit, dass diese handeln und die Verantwortung übernehmen. Es kann nicht angehen, dass die Kirche weiter fröhlich Kirchenbeiträge kassiert, den Mitgliedern die angemessene pastorale Versorgung aber verweigert. Die meisten Gemeinden sind längst de facto ohne Priester, weil durch das unnötige Festhalten am Zölibat der Priesterberuf langsam ausstirbt.

Durch die Zerschlagung der Kirchenhierarchie haben die Frauen die Möglichkeit, selbst ihre Priesterinnen zu wählen. Es gibt längst genügend studierte Theologinnen, die den Priesterberuf ebenso gut oder besser ausfüllen können als zölibatäre Männer mit zweifelhafter Sexualmoral. Die Pastorinnen der evangelischen Kirchen sind bereits mehrheitlich Frauen und dabei äußerst beliebt. Solange die Kirchenhierarchie noch an der Macht ist und die Anliegen ihrer Basis weiter unterdrückt, empfiehlt sich ein einfaches Mittel: Wenn ganze Gemeinden austreten und freie Kirchengemeinden bilden, können sie sofort eine Theologin als Priesterin wählen und diese mit ihren Kirchenbeiträgen bezahlen, statt ihr Geld an eine unwillige Bürokratie abzuliefern. Sakramente und Liturgie können ja katholisch bleiben und die Christengemeinden können sich entweder den Protestanten oder den Altkatholiken anschließen, wenn sie sich vernetzen wollen. Dies würde nur den Status quo ante wiederherstellen: Um 1600 war Österreich zu 90% protestantisch, die Protestanten wurden mit der Gewalt des Glaubenskrieges und der Gegenreformation in den „Schoß" der Kirche zurückgezwungen, rechtens waren diese Zwangsbekehrungen nie.

Durch Priesterinnen und Demokratisierung der Gemeinden wird keineswegs der spirituelle Glaube verraten, im Gegenteil. Endlich hätte die weibliche Seite der Spiritualität eine Chance, das Glaubensleben mitzugestalten. Die Sicht der Jüngerinnen Jesu und der vielen unter den Tisch gekehrten Frauen des Mittelalters würde zu einer neuen Harmonie im Christentum führen.

Ethiklehrstühle

Es widerspricht dem Gleichheitsgrundsatz unserer Verfassung und auch dem Prinzip der Religionsfreiheit, dass die katholische Kirche in allen Landeshauptstädten Österreichs eigene Universitätsfakultäten hat, die staatlich eingerichtet und finanziert sind und nur die papale Richtung des Christentums lehren. Diese staatliche Bevorzugung eines de facto Monopols gibt es in keinem anderen Gesellschaftsbereich und sie ist daher schnellstens abzuschaffen. Jede Forschung lebt von Diskussion und Konkurrenz, nur der Glaubensbereich ist davon ausgeschlossen und entwickelt sich daher auch nicht weiter. Da nur 67% der Österreicher katholisch sind und höchstens 30% der Österreicher diesen Glauben auch ernst nehmen, ist es völlig unzulässig, dass diese 30% der Österreicher 100% der staatlichen Förderungen von Religion und Spiritualität kassieren.

Die theologischen Fakultäten sind daher sofort in Fakultäten für Glauben und Spiritualität umzuwandeln, die allen spirituellen Richtungen, die in Österreich gelebt werden, zugänglich sind. Die katholischen Lehrstühle sind in Ethiklehrstühle umzuwandeln, die sich vor allem den vergleichenden Religionswissenschaften und den internationalen Methoden der Spiritualität widmen statt der abgedroschenen Verteidigung von Mutter Kirche. Damit würden die Zahlen der spirituell interessierten Studenten sofort nach oben schießen und Spiritualität in all ihren Formen würde wieder das nötige Gewicht in der Gesellschaft bekommen. Ethik-Professoren könnten neue Modelle entwickeln, die auch von der Bevölkerung perzipiert und endlich das Gegengewicht zur materialistischen Wegwerfgesellschaft bilden würden. Unsere kapitalistische Geld-Gesellschaft ohne moralische Werte ist auch ein Ausdruck des Versagens der Theologie in Österreich, die als katholisches Minderheitenprogramm jeden konstruktiven Einfluss auf die Gesellschaft verloren hat. Dies schon seit Generationen.

Wenn die Kirche bei jeder Einschränkung ihrer Macht aufschreit und jede Beschränkung des Katholizismus als Untergang des Abendlandes apostrophiert, so ist dies ein gigantisches Ablenkungsmanöver, um die eigene Schuld an der Degenerierung des spirituellen Lebens in Österreich zu vertuschen. Menschen, die aus der Kirche austreten, sind in der Mehrzahl sehr spirituell, wollen aber die Pseudospiritualität der Kirche nicht länger erdulden.

Aufhebung aller Kirchensteuern

Eine Steuer ist dann gerechtfertigt, wenn sie der Bevölkerung positive Gegenleistungen garantiert, die von der Bevölkerung auch genutzt und verstanden werden. Dies ist in Österreich im Fall der Kirchensteuern schon seit Jahrzehnten nicht mehr der Fall.

Vor 100 Jahren, als Österreich noch zu 95% katholisch war, kamen die Kirchen, Pfarrgebäude, Klöster und Priestergehälter de facto allen Österreichern zugute. Auch wenn man im Nachhinein über die segensreichen Auswirkungen kirchlichen Handelns geteilter Meinung sein kann, so war das steuerliche Geben und Nehmen noch vertretbar. Echte Gläubige gaben der Kirche und bekamen dafür pastorale und sakramentale Unterstützung zurück.

Inzwischen ist das pastorale Geschäftsmodell der Kirche längst bankrott. Die Kirchengelder versickern in Bürokratie und Verteidigung unhaltbarer Strukturen, die nicht im Sinne der Gläubigen sind. Finanzskandale von Diözesen gibt es wie Sand am Meer, der Prunk eines Bischofs Tebartz-van Elst ist da nur die Spitze des Eisbergs. Die Mafia-Verstrickungen der Vatikan-Bank sprechen für sich, auch wenn sie geflissentlich nicht aufgeklärt werden. Die Gelder für Priesterausbildung, Fakultäten und Priesterbezahlung werden ineffizient vergeudet, da mit der antiquierten Zölibatsauslegung die meisten Priester ihr Amt wieder verlieren und die Ausbildung daher unrentabel ist. Die Kirche ist ein Glaubensmonopol, das sich strikt weigert, auf die Bedürfnisse seiner Kunden einzugehen und diese daher auch nicht erfüllt. Die Wünsche der Basis werden seit Jahrzehnten formuliert und postwendend ignoriert und niedergeschlagen. Bestünde ein echter Dialog zwischen Gläubigen und Kurie, hätte sich die Kirche längst verändert, gäbe es verheiratete Priester, Priesterinnen und einen zeitgemäßen Umgang mit Ehe und Sexualität. Kirche und Gläubige könnten sich wieder auf ihre Spiritualität konzentrieren und diese in zeitgemäße Formen bringen und weiterentwickeln. Aber eben das ist vom Vatikan nicht erwünscht und wird mit allen Mitteln der Macht verhindert.

Es ist nahezu absurd, dass Papst Johannes Paul II. die Sowjetstaaten als Diktaturen gegeißelt hat, die ihren Untertanen Produkte aufzwingen, die diese gar nicht wollen. Die UDSSR und der Sowjetkommunismus wurden hinweggefegt wegen ihrer notorischen Unfähigkeit, auf die eigene Bevölkerung adäquat einzugehen. Somit ist die katholische Kirche die letzte Zwangsdiktatur in Europa, die ihren Kunden geistige Produkte aufzwingt, die keiner mehr haben will, die damit die spirituellen Menschen in den Austritt treibt und mangels Priester die verbliebenen Schäfchen pastoral im Stich lässt.

Es ist nicht einzusehen, warum noch irgendein Steuercent für diesen Irrsinn vergeudet werden soll. Eine Demokratisierung der Kirchengelder hin zur Basis der Gläubigen würde die spirituelle Blockade des katholischen Europa beseitigen und die nötigen spirituellen Energien freisetzen, die für die Bewältigung der Zukunft gebraucht werden.

Befreiung der Spiritualität

Es ist eine Beleidigung aller spirituellen Menschen, wenn sich die Kirche weiterhin als einziger Hort des Glaubens präsentiert und allen Nicht-Katholiken das ewige Höllenfeuer androht. Extra ecclesiam nulla salus – ohne Kirche gibt es kein Heil – dies war ein genialer Verkaufsschachzug der Papstkirche, der aber jeder Logik entbehrt. Warum sollte der allbarmherzige Gott nur die Anhänger des Papstes in seine Gnade aufnehmen und drei Viertel der

Menschheit dem Teufel überlassen? Wenn dem so wäre, wäre es nicht der Gott, dessen Stellvertreter der Papst angeblich ist.

Tatsächlich steht die Welt vor einer Wende zurück zur Spiritualität, da materielle Güter alleine nicht glücklich machen. Der Wunsch nach spiritueller Entwicklung ergreift immer mehr Menschen im Laufe ihres Lebens, daher gibt es einen enormen Bedarf an geistiger Diskussion und Kontemplation. Die geistig Interessierten würden aber den Teufel tun und in die katholische Kirche zurückkehren, weil sie aus bitterer Erfahrung wissen, dass ihre geistigen Bedürfnisse dort nicht gut aufgehoben sind und nur irgendwelchen absurden Machtstrukturen geopfert werden. Sie wenden sich daher anderen Glaubensrichtungen zu, dem Buddhismus, Hinduismus, Evangelischen „Sekten", dem Islam, den vielen esoterischen Richtungen, den alten schamanischen Religionen. Statt dass in der Kirche alle Alarmglocken läuten, weil man es offensichtlich versäumt hat, den Gläubigen das richtige Angebot zu liefern, ergeht sich die Kirche in der Verteufelung aller „Sekten" und Esoteriker, beklagt neu-pagane Kulte und Gottlosigkeit. Tatsächlich finden spirituelle Menschen in nicht-katholischen Basisgemeinden wesentlich mehr Spiritualität als in der Kirche und wandern daher dorthin ab. Auffallend ist die große esoterische Bewegung von Frauen, die zum alten Heilwissen zurückfinden und ihre vorchristlichen Wurzeln wiederentdecken, die von den katholischen Missionaren gewaltsam ausgerissen worden sind. Hinter den Schlagworten TEM, Energiearbeit, Engelarbeit u. ä. verbirgt sich eine spirituelle Bewegung der Frauen, die ihr Heil außerhalb der Kirche finden, weil es ihnen innerhalb der Kirche versagt wird. Es ist mehr als unlauter, dass diese neuen Heilerinnen, de facto Priesterinnen, ins Prekariat abgedrängt und ins Sekteneck gestellt werden, weil nach wie vor alle Gelder und Machtmittel in der Hand der Kirche sind, die diese vor allem zum Bekämpfen des Neuheidentums verwendet statt die eigene Spiritualität so zu entwickeln, dass sie von den Gläubigen akzeptiert wird.

Eine Entmachtung der kirchlichen Hierarchien wird daher keineswegs zu einem Rückgang der Spiritualität führen, sondern ganz im Gegenteil zu einer Befreiung durch Demokratisierung, wie sie im weltlichen Bereich schon vor 100 Jahren erfolgt ist.

Geistige Reinigung

Eine Demokratisierung der Religion wird von selbst zu einer Anpassung der spirituellen Praxis an die heutige Zeit mit ihrem komplexen Weltbild führen. Die von der Kirche beschworenen gottlosen Tendenzen werden nur verschwinden, wenn es in Europa eine geistige Reinigung von satanischen Einflüssen gibt, durch die die christliche Bewegung in den letzten 1.700 Jahren verfälscht worden ist. Der Satan, den die Kirche beschwört und den sie genaugenommen erfunden und mächtig gemacht hat, wird durch die Verfehlungen der Kirche selbst genährt: Machtmissbrauch, Gewalt, Unterdrückung, geistige Reduktion. Nur so gelang das perfide Spiel des Machterhalts: Wann immer sich christliche Gemeinden und Bewegungen weiterentwickeln wollten, wurden sie von der Kurie sofort für satanisch erklärt und mit satanischen Mittel bekämpft, die, in einer völligen Missinterpretation des Willen Gottes, für die Niederschlagung von Ketzerei für gerechtfertigt erklärt wurden. Gewalt und Sadismus sind aber durch nichts zu rechtfertigen und schon gar nicht mit dem christlichen Glauben zu begründen. Der Zweck heiligt die Mittel eben nicht, sondern die falschen Mittel führen jedes noch so gute Ziel ad absurdum. Die Gewaltgeschichte des Katholizismus mit Millionen Opfern, deren Trauerspuren sich durch 100 Generationen ziehen und unzählige traumatisierte Gewaltopfer samt Kindern und Enkel traumatisierten, ist durch die gewissenlose Schönrederei nicht verschwunden, sondern ist erst aufzuarbeiten, auf allen von der Kirche misshandelten Gebieten. So wird die Unterdrückung der Frauen erst enden, wenn die Hexenverbrennungen bearbeitet sind, die Leibfeindlichkeit der

Europäer erst verschwinden, wenn die perversen Sexualvorstellungen verarbeitet sind, die soziale Wut sich erst legen, wenn die kirchliche Ausbeutung der Armen zugegeben und die gestohlenen Reichtümer zurückgegeben sind.

In den letzten 200 Jahren wurde die ausbeuterische Macht der Kirche nur begrenzt, nicht beendet. Schon gar nicht wurde die verfälschte Realität zurück auf die Füße gestellt, dass die Kirche nämlich das Problem ist, das sie vorgibt zu heilen. Sie hat die soziale Unterdrückung erst geschaffen, die sie heute in Sonntagspredigten den Politikern zur Lösung aufgibt. Sie hat die grausame Praxis der Kriege mit aller Macht angeheizt, die der Papst in Sonntagsreden heuchlerisch beklagt, obwohl seine Priester immer noch die Waffen katholischer Staaten segnen und die Folterknechte katholischer Caudillos in der Beichte von ihren Taten freisprechen.

Es bleibt viel zu tun in den einst katholischen Ländern, bis die grausamen Spuren kirchlicher Gewalt verheilt sein werden.

Heilung der Geistverfälschung

Erst nach der Entmachtung der kirchlichen Hierarchien wird es möglich sein, die zahllosen Verfälschungen jesuanischer Spiritualität beim Namen zu nennen und wieder in die ursprüngliche Wahrheit zurückzuführen. So ziemlich jedes Jesuswort wurde von der Kirche zweckentfremdet oder ins Gegenteil verkehrt:

Barmherzigkeit wurde zu Hybris und Verachtung vermeintlicher Sünder.

Die andere Wange hinhalten galt nur für Opfer, die Kirche schlug erbarmungslos zu.

Die befreiten Frauen wurden grausam unterdrückt,

die soziale Gerechtigkeit durch Gier und Bereicherung pervertiert,

die Suche nach dem Himmelreich durch das Nadelöhr der Dogmen gezwängt.

Das Schlimmste aber ist das Meinungsmonopol auf geistige Interpretation, durch das die Kirche nach Belieben die Wahrheit und das Empfinden der Gläubigen zum eigenen Vorteil verdrehen, verfälschen oder auf den Kopf stellen konnte.

Durch unzählige geistige Verfälschungen kastrierte die Kirche das Denkvermögen und die spirituelle Intuition seiner Untertanen. Die Erde als Scheibe ist die bekannteste Wissensverfälschung, die historisch bekannt ist und für die viele kluge Menschen auf dem Scheiterhaufen landeten. Die Aufdeckung dieser Wahrheit wurde von der Kirche erbittert bekämpft, bis die Naturwissenschaft auf allen Linien siegte. In den Gesellschaftswissenschaften ist die Wahrheitserfassung wesentlich komplexer und ein Irrtum schwerer zu beweisen, auch wenn jeder schon den Irrtum spürt.

Daher wirken sich hier kirchliche Meinungsmanipulationen wesentlich länger aus und dauern an, selbst wenn die reale Macht der Kirche schwindet. Ein Indiz für das Fortbestehen kirchlicher Fehldogmen zeigt sich darin, dass in den letzten 50 Jahren die Mehrheit der Bevölkerung das kirchliche Menschen- und Weltbild nicht mehr glaubt und schon gar nicht danach handelt. Die Freiheit, aus der Kirche auszutreten, ist das eine und wird von immer mehr Ex-Gläubigen genutzt. Wahre geistige Freiheit, in der alle Menschen über ihre spirituellen Empfindungen reden und sich austauschen können ohne diffamiert zu werden, ist das andere und bleibt noch zu verwirklichen.

Bevor die von der Kirche verursachten oder mitgetragenen Gewalttraumata und Denkverbote nicht aufgedeckt und verarbeitet sind, gibt es keine unverkrampfte spirituelle Freiheit des Geistes.

Heilung der Traumata

Die 1.700 Jahre währende Traumatisierung Europas und später Lateinamerikas gilt als vergangen, wird gut verdrängt und geleugnet. Heute reden die Priester von Liebe und Barmherzigkeit, als wäre ihnen nie anderes wichtig gewesen. Davon gehen aber weder die Traumata noch die Traumafolgen weg, sie eitern weiter und machen Heilung unmöglich, solange sie verdrängt und geleugnet werden.

Die Kirche muss sich ihren Verbrechen stellen, als das sind:

Die Ausrottung der antiken Kultur, aller antiken Religionen und vieler nicht-katholischen Christen

Die Verbrechen an Frauen und Kindern

Die Zerstörung der weltlichen Strukturen in Mitteleuropa

Die hemmungslose Bereicherung durch die Verquickung von Religion und Macht.

Ketzer-, Palästina- und Slawenkreuzzüge

Die Vernichtung der präkolumbianischen Kulturen in Amerika

Die Verketzerung diverser meditativer Richtungen des Christentums und die Abschlachtung der Protestanten.

Die Zwangsbekehrungen zwischen 770 und 1.789, beginnend mit dem Sachsenschlachten, endend mit den Folterkammern der Gegenreformation

Sexueller, körperlicher und geistiger Kindesmissbrauch.

Die Aufarbeitung des sexuellen Missbrauchs durch Priester ist ein gutes, weil aktuelles Beispiel, das die Virulenz kirchlicher Verfehlungen bis zum heutigen Tag zeigt. Bereits vor 40 Jahren zeichnete der Karikaturist Manfred Deix den sexuellen Missbrauch von Ministranten und wurde als radikaler Spinner hingestellt. Bis in die 1980er Jahre galt dies als Verleumdung der Priester, da niemand sexuellen Missbrauch von Kindern für möglich hielt. In den 1990er Jahren deckte Profil-Redakteur Hubertus von Czernin den wiederholten Missbrauch durch Kardinal Groer an diversen Zöglingen auf. Diese wurden für psychisch krank erklärt, Groer verlor seinen Kardinalshut erst, als die Zeitungsberichte zu häufig und zu schwerwiegend wurden. Ab dem Jahr 2000 häuften sich die Missbrauchsberichte in Österreich, ab 2010 weltweit, sodass derzeit eine Missbrauchslawine durch alle katholischen Bistümer rollt. Kardinal Schönborn und Papst Benedikt XVI. versprachen erst Aufdeckung, als die Lawine nicht mehr aufzuhalten war und die traditionellen Vertuschungsmaßnahmen nicht mehr griffen. Auch wenn es gut ist, dass der sexuelle Missbrauch kirchlicher Macht endlich sichtbar und besprechbar wird, zeigt der Prozess doch eines auf: Die Kirche vertuscht und mauert so lange sie kann, die Verletzungen ihrer Schäfchen und deren Seelenheil sind ihr nicht wichtig, der Schutz fehlender Priester geht vor und diese dürfen im Schutz des Kirchenrechts weiter ihren Untaten frönen, Hauptsache, es wird nichts bekannt. So ist die Kirche nicht nur Ursache vieler Traumatisierungen, sondern auch hartnäckiger Leugner der Traumafolgen und konsequenter Verhinderer der Aufdeckung. Sie leugnet so lange, bis die Leugnung offensichtlich und nicht mehr zu kaschieren ist.

Nachdem erst Ende des 20. Jhdt. das schlimmste Kapitel kirchlicher Verfehlungen ans Licht kam, wundert es nicht, dass noch viele Eiterwunden der Aufdeckung harren und ihr nosogener Einfluss weitergeht, auch wenn sich viele Betroffene der Ursache ihres Problems noch nicht bewusst sind.

Täter-Opfer-Versöhnung

Die Praxis der Kriege und Gewalttaten schädigt seit 5.000 Jahren die menschliche Gesellschaft. In den letzten 2.500 Jahren haben die

Machtstrukturen der Weltreligionen wesentlich zur Verfestigung der Gewalt der Herrscher und Oberschichten beigetragen, die katholische Kirche wurde zur größten Weltreligion, da sie sich am stärksten von allen den hierarchischen Unterdrückungsmechanismen verschrieb, und ihre Mitgliederexpansion vor allem durch Zwangsbekehrungen betrieb. Wenn die Welt nicht in finalen Kriegen untergehen soll, was uns im Atomzeitalter ständig droht, so müssen wir uns aus den Gewaltstrukturen befreien, innerlich und äußerlich. Dazu muss sich die Menschheit auch aus den tradierten religiösen Gewaltstrukturen befreien.

Einfach gesagt: Religionen, die sich in Gewalttaten verstrickt haben und sich daraus nicht lösen können, haben ihre Daseinsberechtigung verwirkt. Entweder die Kirchen beenden ihre Machtausübung oder wir Untertanen, das Volk, beenden das Wirken der Kirchen.

In den letzten 40 Jahren hat sich eine therapeutische Praxis der Gewaltbewältigung entwickelt, die für die Aufarbeitung des 2. Weltkrieges und der faschistischen Verbrechen notwendig war. Deren 1. Schritt ist die Aufdeckung und Anerkennung der Verbrechen, der 2. Schritt liegt in der Versöhnung von Tätern und Opfern. Dazu müssen sich die Täter ihrer Verantwortung stellen, damit die Opfer in einem langen Heilungsprozess ihnen irgendwann vergeben.

Die übliche Verdrängung der Gewalt ist keine Lösung und verunmöglicht jede Heilung. Solange die Opfer dem Hass auf die Täter verhaftet sind, schreien sie vor allem anderen nach Rache und Wiedergutmachung. Die Täter wiederum verweigern diese Wiedergutmachung aus Angst vor der Rache der Opfer. So spaltet sich die Wahrnehmung in zwei Versionen der Wirklichkeit, die eigene und die des Feindes. Dann gibt es auch keinen Dialog zwischen Tätern und Opfern, driften die verschiedenen

Erklärungsmodelle immer weiter auseinander und die Feindbilder werden größer und größer.

Das jesuanische Gebot der Feindesliebe meint dagegen die Bereitschaft, sich mit seinem Gegner auseinanderzusetzen und den Dialog solange zu führen, bis eine Versöhnung oder zumindest ein Waffenstillstand möglich ist. Wer seinem Gegner zuhört, wird sich früher oder später auch in dessen Erleben einfühlen und dann die Ähnlichkeit zwischen dem Leid der Anderen und dem eigenen Leid erkennen. Volkan (2006) und van Kampenhout (2010) haben soziotherapeutische Rituale entwickelt, um den Dialog zwischen verfeindeten Gruppen zu fördern. Dazu ein Beispiel aus einem meiner Aufstellungsseminare:

Die Hälfte der Seminarteilnehmer repräsentiert ehemalige Nationalsozialisten, die andere Hälfte verfolgte Juden. Lange stehen sich beide Seiten in Hass und Verachtung gegenüber, beschimpfen sich, sind unversöhnlich. Bis einer der Nazis sich dem Leid der Verfolgten öffnet, sein schlechtes Gewissen zugibt, sich entschuldigt und niederkniet. Es dauert lange, aber mit der Zeit knien auch die anderen Nazis einer nach dem anderen nieder und geben ihr Unrecht zu. Nun sehen die verfolgten Juden auf ihre knienden Peiniger herab und registrieren deren ungewohnte Demut mit Genugtuung. Schließlich wollen aber auch die Juden nicht mehr auf ihre Peiniger herabblicken. Einer setzt sich nieder, um wieder auf gleiche Ebene mit seinen Gegnern zu kommen, die anderen Juden tun es ihm gleich. Am Schluss sitzen Nazis und Juden in einem Kreis am Boden und reden miteinander wie vor dem Krieg, als sie noch Nachbarn waren und Tür an Tür wohnten.

Damit ist exemplarisch der Weg aus dem Hass aufgezeigt. Täter und Opfer wünschen sich beide einen Weg der Versöhnung, um innerlich Frieden zu finden. Dazu muss das Unrecht anerkannt, die Schuld zugegeben werden und zumindest in symbolischer Form Wiedergutmachung geleistet werden. Die Opfer können keine Ruhe geben, bis ihr Leid anerkannt ist. Wenn aber die Täter ihr schlechtes Gewissen und die Opfer ihre Wut ausgesprochen haben, wird es möglich, den Konflikt zu beenden und die Vergangenheit abzuschließen.

Bewältigung

Schuld-, Angst- und Hassgefühle sind untrügliche Zeichen dafür, dass Gewalttraumata unverarbeitet geblieben sind. Je mehr ein Mensch unter solchen Gefühlen leidet, desto weniger Gelegenheit hatte er, das erlittene Grauen der Vergangenheit zu bewältigen. Die Aufdeckung der Wahrheit ist nur der erste Schritt zur seelischen Gesundheit, wichtiger noch ist das Verarbeiten der durch die Wahrheit ausgelösten Emotionen.

Das Opfer hat Angst vor der Wiederholung der Gewalt. Der Täter hat Schuldgefühle, weil er für die Gewalttaten verantwortlich ist. Opfer und Täter hassen die feindliche Partei und schieben ihr die Schuld zu, um sich von ihren überschießenden Emotionen zu entlasten.

Alle diese Emotionen können verarbeitet werden, wenn bestimmte Voraussetzungen gegeben sind:

Um die Angst bewältigen zu können, muss das Opfer sicher sein, dass die Gewalt beim Namen genannt wird und nicht wiederholt werden kann. Die Opfer der Diktatur fühlen sich erst sicher, wenn die Macht des Diktators endet und die Gewalttaten nicht mehr beschönigt werden. Nur in einem Rechtsstaat, in welchem Gewalt geahndet wird, kann das Opfer um Hilfe rufen und Hilfe bekommen. Deswegen sind moderne Gesetze und deren Judikatur so wichtig. Opfer von sexueller Belästigung und Vergewaltigung können ihre Traumata erst verarbeiten, wenn sexuelle Attacken nicht mehr als Kavaliersdelikt verharmlost oder wie zuletzt in Indien als soziale Sanktion eingesetzt werden. Deshalb kann sich die Angst erst legen, wenn das Leid der Opfer wahrgenommen und anerkannt wird.

Da das Leid der Missbrauchsopfer in der Kirche bis heute kleingeredet wird, klammern sich aktive Kirchenmitglieder an die vorgekaute Moral, die eine Scheinsicherheit verspricht. Die Krise, die ausbricht, wenn die Priester als Täter entlarvt werden, steht uns erst noch bevor. Es ist eine Aggressionswelle zu befürchten, wenn die Opfer realisieren, dass die moralischen Instanzen, die ihnen ein Leben lang die Schuld als verdorbene Sünder zugewiesen haben, die eigentlichen Verursacher all der die Sexualität belastenden Gefühle sind.

Es wundert daher nicht, dass die kirchlichen Autoritäten sich vor der kommenden Auseinandersetzung fürchten, denn sie könnten davon hinweggefegt werden. Doch weiter zu verdrängen und den Opfern Schuldgefühle zuzuweisen ist keine Lösung. Immer noch sind die meisten Priestertäter zu Schuldgefühlen nicht fähig und fühlen sich im Recht, selbst wenn sie gerichtlich verurteilt werden, wie zuletzt ein australischer Kardinal. Erst durch den Widerstand der Opfer können sie lernen, ihre verdrängten Schuldgefühle zuzulassen und zu spüren.

Schuldgefühle zu bewältigen ist fast noch schwieriger, denn es heißt, Verantwortung für die eigenen Fehler zu übernehmen. Fehler zuzugeben ist auf der anderen Seite ein Zeichen moralischer Integrität. Wer sich für seine Taten entschuldigt und einsieht, was er falsch gemacht hat, gewinnt in der Regel den Respekt seiner Umwelt zurück.

Wir sind alle Menschen und machen Fehler. Wenn wir ein schlechtes Gewissen haben, neigen wir dazu, die Fehler zu leugnen oder die Schuld jemand anderem zuzuschieben. Das klappt oft ganz gut, die Schuldgefühle und die Beschuldigungen hören dadurch aber nicht auf.

Besonders komplex wird es bei Gewalterfahrungen, bei denen jemand Täter und Opfer gleichzeitig ist, oder Täter und Opfer in seiner Familie hat. Dann vermischen sich Angst, Beschuldigung und Schuld zu Hass. Der Hass reduziert die komplexen Gewaltgefühle auf einfaches Schwarz-Weiß-Denken und macht sie damit scheinbar erträglich. Durch diese Vereinfachung werden die negativen Gewaltemotionen aber verfestigt und breiten sich in Familie und Peer-group weiter aus.

Bei seelischen Krankheiten im deutschen Sprachraum finden sich oft Täter und Opfer in der gleichen Familie und deren Konflikt tobt in der Seele des Symptomträgers, bis dieser krank wird. Dies habe ich in meinem Buch „Im Schatten des Kriegers“ (2010) dargestellt. Der Sohn eines Wehrmachtsoffiziers fühlt sich als Opfer, weil die Kugel eines Feindes seinen Vater getötet und ihn damit zum Waisenkind gemacht hat. Neben der Angst des Opfers spürt der Sohn aber auch die Schuld des Täters, denn der Offizier war glühender Nationalsozialist, der viele Feinde mit Freuden getötet und misshandelt hat. Erst als der Sohn erkennt, wovor er Angst hat und wofür er sich schämt, wird er ruhig und seelisch gesund.

Dies ist in Österreich eine häufige Geschichte, denn eine ganze Vätergeneration war im Krieg und die deutsche Wehrmacht führte einen Vernichtungsfeldzug im Osten, sodass es für einen deutschen Soldaten fast unmöglich war, sich nicht in irgendeine Form von Schuld zu verstricken. Was dann die überlebenden Landser auf dem Rückzug und in den Lagern erlitten, ließ sie sich zu Recht als Opfer fühlen. Beides, Angst und Schuld, kommt nur zur Ruhe, wenn man die Gewalterlebnisse in jedweder Form anerkennt. Egal auf welcher Seite der Front sie verübt wurden.

Ähnliche seelische Prozesse haben auch Priester und Priesterkinder hinter sich und landen dadurch in moralischer Desorientierung. Durch homosexuelle Bedrängung in Priesterseminaren, wie sie in Niederösterreich sichtbar wurde und zur Ablösung von Bischof Krenn führte, ist der Priesterzögling zunächst Opfer, wird in eine falsch gebahnte Sexualität geprägt und wiederholt diese dann selbst als Priester an seinen Schutzbefohlenen. Schlimmer noch, wenn ein Priester mit Frauen Kinder zeugt, die es offiziell nicht geben darf. Priesterkinder werden in eine Welt der Verleugnung und der Schuld hineingeboren, ihr Sexualleben wird dadurch extrem belastet. Sexuelle Perversionen sind die Folge einer neurotischen Einengung der Libido durch doppelbödige Moralvorstellungen, wie sie im Katholizismus üblich sind. Es wäre dringend notwendig, die vielen Fälle von Perversion auf ihre Ursachen hin zu untersuchen, statt sie als genetische Aberration abzutun.

Ideen statt Dogmen

Regeln, die sich organisch weiterentwickeln, sind eine sinnvolle Möglichkeit des Gehirns, die Fülle der Erfahrungen zu strukturieren und daraus Schlüsse zu ziehen. Erstarrte Dogmatik, die jede Veränderung verbietet, ist neurophysiologisch eine Vergewaltigung unseres Gehirns und neuropsychologisch eine Intelligenzminderung, die bis zur Pseudoverdummung führen kann. Alle dogmatischen Ideologien sind durch Realitätsverfälschung gekennzeichnet, da der Sinn des Dogmas darin besteht, einen großen Teil der Wirklichkeit für nicht-existent zu erklären.

Alle katholischen Dogmen sind längst in hohem Maße absurd, da sie seit Jahrhunderten einen Zustand festschreiben, der sich längst überholt hat und durch wissenschaftliche Erkenntnisse widerlegt ist. Von intelligenten Gläubigen zu fordern, dass sie jeden Unsinn einfach glauben müssen, weil sie zu beschränkt sind, um die hinter dem Dogma liegende religiöse Wahrheit zu erkennen, ist eine Zumutung für gebildete Menschen, die des unabhängigen Denkens fähig sind.

Es ist bezeichnend, dass die katholische Theologie seit 500 Jahren nur mehr Dogmen produziert, die keiner versteht, dafür aber jeden

Ideenreichtum vermissen lässt. Das geistige Unbehagen in der Kirche erklärt sich folgendermaßen:

Ideen schaffen Fortschritt, Ideologien schaffen Leid.

Dies ist die harte Lehre der Geschichte.

Der Mensch hat ein fantastisches Gehirn, um sich an jedmögliche Situation optimal anzupassen und jedes Problem mit einer guten Idee zu lösen. Idee und Problem sind untrennbare Teile eines Ganzen, passen zueinander wie Schlüssel und Schloss. Was immer in der Geschichte der Menschheit auftauchte, wurde von Menschen solange analysiert und beobachtet, bis einem von ihnen die Lösung einfiel. Das ist auch der Kern unserer Wissenschaft: Eine Lösung wird solange beibehalten, bis einem anderen eine noch bessere einfällt. Eine Idee, die funktioniert, wird von allen anerkannt und nachgeahmt, solange sie funktioniert.

Anders Ideologie und Dogmatik: Weil etwas einmal funktioniert hat, glaubt der Ideologe, die Idee müsse immer funktionieren. Weil die Bibel vor 2.000 Jahren religiösen Fortschritt brachte, muss auch heute die Bibel die einzige Wahrheit sein. Das wäre so, als wäre alles Wissen verboten, was nicht bei Aristoteles geschrieben steht. Klingt verrückt, war aber im Mittelalter tatsächlich die gängige Lehre.

Gott sei Dank sind die meisten Ideologien auf dem Misthaufen der Wissensgeschichte gelandet. Arianismus, Fanatismus, Scholastik, Marxismus, Leninismus – Alles was auf ...mus endet, muss man heute nicht mehr glauben. Selbst der Kapitalismus liegt in den letzten Zügen und siegt sich gerade zu Tode. Dennoch feiern die Ideologen fröhliche Urstände und liefern mit ihrer rigiden Realitätsverzerrung die Basis für Terrorismus und Genozid.

Die Verfestigung der Ideologien liegt an der Neigung des Menschen, die Komplexität der Welt durch Vorurteile zu vereinfachen. In den Dschungeln und Savannen überlebten unsere Vorfahren leichter, wenn sie auf die bewährte Erfahrung zurückgriffen. Einfache Schemata vereinfachten das Denken und machten die Wahrnehmung schneller. Ein Raubtier musste blitzschnell erkannt werden, sonst war man tot. Im Ernstfall blieb keine Zeit, über das wahre Wesen des Löwen nachzudenken, man musste den Speer blitzschnell werfen, um ihn sich vom Leib zu halten.

Daher ist unser Gehirn nach einfachen Schemata organisiert. Gleichzeitig weitet sich unsere Wahrnehmung aber ständig aus und verlangt danach, ständig neue Programme zu entwickeln. In dieser Polarität entsteht auch Angst, denn alles, was wir heute wissen, kann morgen schon wieder falsch sein. Die Ideologie, die für alles die richtige Antwort hat, ist da einfacher: Die Partei, die Bibel, der Führer… hat immer Recht.

Die Zweifel werden durch diese Scheinsicherheit aber nur solange beseitigt, bis es ein böses Erwachen gibt, wenn die Fehler des ideologischen Handelns unübersehbar werden, ob man nun alle Ketzer getötet, alle Juden ermordet oder alle Indios ausgebeutet hat.

Leichter lebt es sich mit dem Wissen, dass alles Wissen vorläufig ist, im Vertrauen, dass unser Gehirn für jede Gefahr eine Lösung finden wird und im Glauben an die großen Werte der Menschheit: Freiheit, Liebe und Gerechtigkeit. Wer diese Werte anerkennt, ist vor jedem Fanatismus gefeit.

Alle großen Religionen sind diesen Werten verpflichtet, daher kann die Religion eines anderen nicht verdammenswert sein. Wer an den einen Gott glaubt, kann nicht diejenigen töten, die an einen anderen Gott glauben. Denn auch dieser muss ja derselbe eine Gott sein, nur in einer anderen Sprache beschrieben. Eine simple Logik, die alle verstehen, nur die katholischen Dogmatiker nicht.

Trauerrituale

Ketzerfeldzüge, Glaubenskriege und inquisitorische Verteufelungen der Kirche haben eine Spur von Millionen Toten durch die europäische Geschichte gezogen. Aufgearbeitet wurde all dieses Unrecht zu keiner Zeit.

Tote müssen begraben werden, um ihre Ruhe zu finden. Ein Begräbnis hilft den Angehörigen, mit der Vergangenheit abzuschließen, Leid und Verlust zu betrauern und das Familienleben neu zu ordnen. Gräber sind wichtig, um einen Ort der Trauer zu haben, Schmerz, Wut und Verzweiflung loszulassen. Es ist bezeichnend, dass die „barmherzige" Kirche all ihren Gegnern das christliche Begräbnis verweigerte, damit sie ja nicht in den Himmel kommen konnten.

Atheisten konnten auf ein christliches Begräbnis verzichten, aber Angehörige von Selbstmördern und Ketzern wurden durch die Verweigerung des Trauerrituals nach dem Schaden des Verlustes noch ein zweites Mal geschädigt.

Das 20. Jhdt. führt uns vor Augen, wie wichtig Begräbnisse und Trauerrituale für die psychische Gesundheit der Überlebenden sind: 50 Millionen Tote forderte der 2. Weltkrieg, es gibt aber keineswegs 50 Millionen Gräber, weil viele Verschollene irgendwo verscharrt oder auf den Schlachtfeldern liegen gelassen wurden.

In Familienaufstellungen geht es oft um diese verschollenen Toten, die in den Seelen der Hinterbliebenen herumgeistern, weil sie nie begraben wurden. Dann müssen die Begräbnisse nachgeholt werden, damit getrauert wird und die Trauer genug Raum bekommt. Viele Depressionen sind die Folge verdrängter Trauer und können sich erst legen, wenn die Tränen fließen.

Der deutsche Osten

Wenn schon der 2. Weltkrieg bis heute nachwirkt, wie ist es dann mit den verdrängten Toten der Reformationskriege und der Inquisition (1618-1648)? Die verbrannten Hexen wurden nie rehabilitiert, die überlebenden Frauen standen noch 10 Generationen lang im Generalverdacht der Hexerei und mussten schweigen, um nicht auch ihr Leben zu verlieren. Die Genozide in besonders betroffenen Regionen hinterließen kriegstraumatisierte Überlebende, die noch dazu als Ungläubige oder Bettler verunglimpft wurden. Das ist der Boden, auf dem psychisches Leid gedeiht.

Ein besonders dramatisches Beispiel für die Folgen verdrängter Kriegsgräuel sind die neuen deutschen Länder auf dem Gebiet der ehemaligen DDR. Hier wütete der Krieg zwischen Katholiken und Protestanten am schlimmsten, in Mecklenburg wurden 70% der Bevölkerung ermordet, in Magdeburg (1631) alle 25.000 Einwohner abgeschlachtet. Die „Magdeburger Hochzeit", in der die katholischen Soldaten des Generals Tilly wie Tiere wüteten, entsetzte sogar die abgebrühten Zeitgenossen: „Das Vorgehen der durch den Erfolg angeheizten Soldaten war so unbeschreiblich brutal, dass selbst innerhalb der kaiserlichen Armee zahlreiche Leute darüber entsetzt waren. Frauen und Mädchen wurden vergewaltigt, Säuglinge aufgespießt durch die Stadt getragen, die von Leichen übersäten Straßen färbten sich rot - Die Einzelheiten dieses Tages sind auch heute keine leichte Kost."

Als Folge der Reformationskriege und um sich vor der Gegenreformation zu schützen radikalisierte sich das protestantische Preußen zu einem Militärstaat, dessen schlagkräftige Armee es im 19. Jhdt. zum Deutschen Kaiserreich emporhob. Im Militarismus Friedrichs II. war kein Platz für Trauerarbeit, denn das Land stand wieder am Rand des

Untergangs, ebenso in den napoleonischen Kriegen und am Ende des 1. Weltkriegs. Die Katastrophe von Versailles und der Zusammenbruch 1945 trafen wieder die Ostdeutschen am härtesten, die bis zur Wende 1989 nie eine Demokratie erlebt hatten, sondern von diversen Diktaturen unterdrückt worden waren. Als endlich die Demokratie kam, wurde sie als feindliche Übernahme durch die BRD erlebt und führte zum wirtschaftlichen Abstieg.

Die Ostdeutschen waren also von 1618 bis 1989 fast ständig Genoziden, Kriegen oder diktatorischer Unterdrückung ausgesetzt. Vom Genozid an Magdeburg 1631 zieht sich ein roter Faden bis zum Feuersturm von Dresden 1945. Die Niederschlagung der Revolution von 1953 war da nur mehr die Draufgabe. Alle schönen Sonntagsreden der Politiker ändern nichts an der nationalen Traumatisierung, die in Ostdeutschland am allerschlimmsten war. Wer sich da noch über nationale Protestdemonstrationen in den neuen deutschen Ländern wundert, der stellt sich blind und taub.

Da der erste Genozid in Ostdeutschland auf das Konto der katholischen Gegenreformation geht, deren Folgen nie aufgearbeitet, sondern im Gegenteil durch Retraumatisierung verschlimmert wurden, wirkt sich die Gewaltpolitik des Papsttums bis zum heutigen Tage aus.

Mahnmale

So wie Begräbnisse den Familien helfen, so helfen Trauerrituale ganzen Gemeinschaften, ja ganzen Völkern. Wer gemeinsam trauert, hört auf sich zu bekämpfen. Wenn die Feinde des Weltkriegs gemeinsam ihrer Toten gedenken, dann entsteht Friede zwischen ihnen. Wenn die Staatsoberhäupter der Alliierten und der Achsenmächte Hand in Hand auf den Soldatenfriedhöfen stehen und der Schlacht in der Normandie gedenken, senden sie ein Signal an ihre Völker, dass die Feindschaft nun wirklich Vergangenheit ist.

Ebenso wichtig sind Mahnmale, die an die Gräuel in all ihren Formen erinnern. Kriegerdenkmäler gibt es in fast jedem Ort Europas, sie erinnern an die Gefallenen des eigenen Landes und stärken den Zusammenhalt der Nation. Besser noch sind Denkmäler für die Gefallenen aller Länder, die an einem Konflikt beteiligt waren, denn sie erkennen an, dass der Tod eines Feindes genauso grauenvoll ist wie der Tod eines Freundes. Gedenkstätten in Konzentrationslagern und Stätten der Folter erinnern an den Holocaust und an die Opfer staatlicher Gewalt. Sie helfen dabei, dass die Gewalt der Vergangenheit nicht geleugnet werden kann und eben deshalb in Zukunft vermieden wird. Wenn die Ewiggestrigen eben diese Mahnmale zerstören oder entweihen, dann entlarven sie damit ihre Unfähigkeit, der Wahrheit ins Gesicht zu schauen. Nur wer dumm und borniert ist, kann sich von einem Denkmal für die Euthanasieopfer so bedroht fühlen, dass er es zerstören muss. Eben deshalb sind diese Denkmäler so wichtig. Sie müssen so lange für die Wahrheit stehen, bis auch die letzten Tauben und Blinden sie erkennen.

Aber können wir nicht endlich die Vergangenheit vergessen? Muss man wirklich an jedem Haus, aus dem ein KZ-Opfer entführt wurde, über einen Gedenkstein stolpern, auf dem der Name eines Ermordeten steht? Bringen wir so unseren Kindern nicht bei, sich zu fürchten?

Das muss man wohl riskieren, wenn man die Zukunft unserer Kinder sichern will. Denn wir bringen ihnen auch bei, Angst vor Schlangen, Raubtieren, Entführern, steilen Wänden und schnellen Autos zu haben. Alles was tödlich ist, müssen unsere Kinder kennen, um nicht leichtsinnig zu Tode zu kommen, wenn die Eltern gerade nicht da sind, um auf sie aufzupassen. Also sollten sie auch lernen die Gefahren von Mördern und Folterern richtig einzuschätzen und diesen möglichst aus dem Weg zu gehen. Je besser sie sich auskennen, desto weniger werden sie den Tricks der Entführer und den Schalmeienklängen der politischen Verführern auf den Leim gehen.

Mahnmale sind wie Verkehrszeichen, die auf Gefahren hinweisen: Achtung Wildwechsel, gefährliche Kurve, Einfahrt in diese Straße verboten. Nimm nicht diesen Weg, denn er führt dich in den Abgrund. Jeder kennt die Verwirrung, die entsteht, wenn betrunkene Spaßvögel Verkehrsschilder vertauschen oder verdrehen. Man verfährt sich ganz schnell und mit ein bisschen Pech passiert ein Unfall. In Diktaturen sind falsche Schilder die Regel. Geh diesen Weg, dann machst du Karriere (oder landest in einem GULAG). Sag die Wahrheit, aber nur die, die offiziell gilt, sonst landest du im Gefängnis. Die Partei, die Partei, die hat immer Recht (und ruiniert damit den Staat). Da ist es doch besser, über einen Stein zu stolpern, der bezeugt, dass an dieser Straße ein Mensch gelebt hat, der ermordet wurde. Denn nur wer gestolpert ist, wird auf die Unebenheit des Bodens achten. Wer die Fehler der Vergangenheit kennt, kann sich dagegen wehren, dass sie in Zukunft wiederholt werden. Die Aufarbeitung des Faschismus ist nur möglich, weil Hitler den Krieg verloren hat. Ansonsten würden statt der KZ-Mahnmale in allen deutschen Städten Siegesdenkmale von SS und Wehrmacht stehen und niemand würde sich um die Opfer scheren.

Genau das ist in allen Gebieten geschehen, die von der katholischen Gegenreformation zurückerobert wurden, nachdem sie zum Protestantismus übergewechselt waren. Dies war in ganz Österreich und Südfrankreich der Fall. Die Österreicher, die von den Schergen der Gegenreformation am Leben gelassen worden waren, mussten mit der Ideologie der Sieger leben, die die Eroberung der Länder als Sieg des Glaubens feierten. Wo es keine Mahnmale für erlittenes Leid gibt, eitert das Leid im Unbewussten weiter. Von der Verdrängung des Leids der Gegenreformation führt eine direkte Linie zum Neurotizismus der Österreicher und zur Diagnose des Psychiaters Erwin Ringel, dass hier die

Psychologie erfunden werden musste, weil nirgends sonst der Bedarf so groß war.

Wiedergutmachung

Gestohlenes muss man zurückgeben, das lernt jedes Kind. Für Staaten und Ideologien scheint diese Regel aber nicht zu gelten. Da die Ursache jedes Krieges im Grunde der staatlich sanktionierte Raub ist, denken die Sieger in keiner Weise daran, irgendetwas zurückzugeben, was sie einmal als Beute eingestreift haben. Dasselbe gilt für Diktatoren und für korrupte Eliten, die ihr Vermögen rechtzeitig außer Landes schaffen, bevor sie vom Volkszorn hinweggefegt werden. Im Gegenzug ist der Kern jeder Revolution die Enteignung der Eliten, was ebenfalls böses Blut hinterlässt.

Besonders dramatisch wird dies in Ländern wie der ehemaligen DDR, wo die Herren und damit die Diebe mehrmals wechseln. Zuerst enteigneten die Nazis die Juden, dann die Sowjets die Großgrundbesitzer, dann gehörte alles dem ostdeutschen und dann dem westdeutschen Staat und am Schluss kauften Kapitalisten alles zu Spottpreisen auf. Für einen Bewohner Sachsens, wie mein Vater es war, blieb das Gefühl übrig, um sein angestammtes Erbe, Haus und Hof seiner Eltern betrogen worden zu sein. In solchen Ländern ist es nur mehr schwer feststellbar, wem der geraubte Besitz eigentlich wirklich gehört.

Wenn also der Besitzer ein- oder mehrmals durch Raub wechselte, gilt es, ein Recht auf Rückgabe des gestohlenen Gutes juristisch festzulegen und für Wiedergutmachung zu sorgen. Daher ist es zur Sicherung des sozialen Friedens wichtig, dass Bilder jüdischer Provenienz an die Familien der ursprünglichen Besitzer zurückgegeben werden. Was geschieht aber mit einer Firma, die zuerst von einem Juden, dann von einem Nazi und am Schluss von einem Kapitalisten geführt wurde? Dann gibt es drei Parteien, die jede mit einem gewissen Recht die Firma beansprucht. Dieses Problem ist keineswegs neu, sondern tritt in jedem Erbfall ein, wenn ein Firmengründer stirbt und drei Erben hinterlässt. Im gerechten Normalfall erbt dann jeder der Erben ein Drittel der Aktien und die Erben einigen sich, ob und wie sie die Firma gemeinsam führen. Wenn der Erblasser einen Haupterben einsetzt, zahlt dieser die anderen mit dem Pflichtteil aus (50% des Drittels). Wenn der Fall sehr strittig ist, versuchen Juristen einen Vergleich auszuarbeiten, mit dem alle Parteien leben können.

Die Prinzipien des Erbrechts sind ein einfaches Modell, um das Unrecht der Enteignung durch Restitution zu lösen. Gestohlenes muss zurückgegeben werden, sonst führt sich der Eigentumsbegriff der demokratischen Gesellschaft ad absurdum. Gleich ob es sich dabei um arisierte Kunst, enteignete Firmen in Österreich, oder gestohlenes Land in Zimbabwe handelt. Die Eliten in jedem Land der Welt versuchen so lange wie möglich, den Diebstahl als Basis ihres Reichtums zu vertuschen. In Österreich dachte sich bis heute niemand etwas dabei, wenn ein Landeshauptmann von einem arisierten Tal aus regierte und der Vorstand der österreichischen Zuckerindustrie seine Firma nie zurückbekam. Auch die Kulaken Russlands und die Indianer der USA wurden auf Dauer enteignet. Dieses Unrecht lässt sich zwar mit der Macht des Staates aufrechterhalten. Jedoch gedeiht aus unrecht Gut nur Unrecht. Der Hass auf die Diebe gebiert immer neue Konflikte und Kriege.

Weil Deutschland den Krieg verloren hat, konnte der Diebstahl an jüdischem Eigentum aufgedeckt und teilweise rückgängig gemacht werden. Die Diebe all der Jahrhunderte davor blieben aber an der Macht und taten so, als ob all ihr zusammengeraffter Reichtum schon immer ihnen gehört hätte. Um 1600 waren in Österreich viele Bürger zu Wohlstand gekommen und verweigerten dem Papst den Gehorsam, wurden Protestanten. Sie wurden alle vertrieben oder enteignet, ihr Besitz fiel Staat oder Kirche zu. Die Gegenreformation war die größte Raubaktion der katholischen Kirche, sie ist immer noch reichster Grundbesitzer in Österreich.

Wenn also ein Bischof vom Gelübde der Armut spricht, geistern wohl Hunderttausende enteignete Tote wuterfüllt durch das Land.

Wahrheitskommissionen

Nelson Mandela ist ein Held des 20. Jhdt. Wie Bertha v. Suttner, Mahatma Gandhi und Martin Luther King hat er bewiesen, dass die Befreiung der Menschen mit friedlichen Mitteln besser gelingt als mit kriegerischen.

Um das jahrzehntelange Leid der Apartheid aufzuarbeiten, erfand er die Wahrheits-Kommissionen. Weiße und Schwarze, Täter und Opfer mussten sich zusammensetzen, diskutieren und sich einigen, was denn nun die Wahrheit ist und was wirklich in der Vergangenheit geschehen war. Niemand durfte dem anderen seine Wahrheit nehmen, verschiedene Wahrheiten durften nebeneinanderstehen, es ging nicht um Rache und Bestrafung, sondern um Recht und Aufklärung. Unter Mandelas Präsidentschaft gelang dies gut, die Vertuschung hörte auf, Südafrika blieb friedlich und die Weißen durften bleiben.

Dies war ein neuer Weg, besser als die Racheaktionen der Vergangenheit, wo einfach eine neue Mehrheit eine neue Minderheit unterdrückte. Alle durften erzählen, allen wurde zugehört, alle wurden ernst genommen. Kommunikation ersetzte die Rache.

Sicher hat Südafrika noch einen langen Weg vor sich, es gibt Rückschläge durch Korruption und Kleptokratie. Aber ohne den guten Start durch die Wahrheitskommissionen wäre das Land längst in Terror und Destruktivität versunken.

Um das kollektive Trauma eines Landes zu bewältigen, muss die Wahrheit ans Licht. Wenn die Lügen aufhören, kann man beginnen, sein Schicksal zu verarbeiten. Dies ist in der

Psychotherapie so und es funktioniert auch auf Ebene der Länder, das hat Südafrika bewiesen.

Aber was geht uns das ferne Afrika an?

Sehr viel!

Tatsächlich brauchen alle Länder, Völker und Nationen Wahrheitskommissionen, um sich von den Schatten der Vergangenheit zu lösen. Deutschland hat einen solchen Prozess hinter sich und ist von einer faschistischen zu einer friedlichen Nation geworden. Über die grausame Vergangenheit zu lügen steht hier unter Strafe.

Simon Wiesenthal forderte Recht, nicht Rache. Er spürte die Täter des Holocaust auf und wurde dafür in Österreich angefeindet. Nach dem Krieg wollten die meisten die Vergangenheit vergessen. Aber das funktioniert nicht. Arisiertes Gut muss zurückgegeben werden, Mord muss aufgedeckt werden, sonst hört das Morden nie auf.

Die meisten Länder der Welt haben die Suche nach der Wahrheit noch vor sich. Die Genozide müssen weltweit benannt werden, egal mit welcher Ideologie sie entschuldigt wurden. Als Österreicher weiß ich, wie befreiend es ist, sich für die Fehler seiner Vorfahren zu entschuldigen. Als ich ein Kind war, glaubte ich wie jedes Kind an die Güte meiner Mutter, glaubte ihren Rechtfertigungen („Natürlich waren wir Nazis, alle waren ja bei der Partei"), und fragte nicht nach. Umso wichtiger war es, hinzusehen, zu trauern, niederzuknien und die Opfer um Verzeihung zu bitten. Wenn die Wahrheit benannt werden darf, dann ist es auch möglich, sich von der Last der Vergangenheit zu befreien.

Es braucht viele Wahrheitskommissionen, nicht nur bei den Verlierern, sondern vor allem bei den Siegern.

Es braucht eine Wahrheitskommission in den USA, die die Verbrechen an den Indianern und den Sklaven benennt, sich entschuldigt und Rituale des Friedens übt.

Es braucht eine Wahrheitskommission im Katholizismus, die die Verbrechen der Inquisition, der Zwangsmissionen und der Missbrauchstäter aufdeckt, bekennt und sühnt. Und damit ist mehr gemeint als ein unverbindliches Lippenbekenntnis ohne Konsequenzen.

Es braucht eine Wahrheitskommission in England, die die Verbrechen der kolonialen Eroberung und Ausbeutung rund um die Welt benennt, sich entschuldigt und Besserung gelobt. Sonst wird der Hochmut der Rechthaber nie enden, die gerade dabei sind, England an die Wand zu fahren, vielleicht aus einer unbewussten Selbstbestrafungstendenz, die niemandem hilft.

Es braucht Wahrheitskommissionen in jedem Land Lateinamerikas, die die Ermordung der Indios, die Ausbeutung der Mestizen und den Diebstahl der Ländereien benennen, sonst wird sich der Kontinent nie emanzipieren.

Es braucht Wahrheitskommissionen in Australien, China, Indien, Russland, der Türkei… es braucht Wahrheit rund um die Welt.

Vor allem braucht es Wahrheitskommissionen zur historischen Gewalt an Frauen, Kindern und Unterdrückten der europäischen Neuzeit, die von den mächtigen Katholiken der Gegenreformation verübt wurde. Eine Aufarbeitung der kollektiven Traumata Europas steht bis heute aus. Die katholische Kirche hat sich nie ihrer Gewaltvergangenheit gestellt, sich scheinheilig nur über die Gewalt der Politiker beschwert. Das kann nicht gut gehen und geht auch nicht gut.

Kollektive Trauma-Therapie

In den letzten 5.000 Jahren wurde die ganze Menschheit durch die patriarchalische Gewalt-Seuche vergiftet. Schmerzen, Wut und Angst haben sich im kollektiven Unbewussten jedes Landes, jedes Orts und jeder Gegend abgelagert. Was verdrängt ist, ist nicht weg, sondern quält uns in unseren Träumen und spiegelt sich in unseren Zukunftsängsten. Die Sensiblen, Feinfühligen, die sich keine dicke Haut zulegen können, werden davon krank.

In der ganzheitlichen Heilkunde wird versucht, den Körper von Schlacken und negativen Energien zu reinigen, Ärzte schneiden Eiterbeulen auf, entfernen Krebsgeschwüre, Thromben und Adern verstopfendes Plaque. Menschen, die sich in Psychotherapie begeben, reinigen ihre Seelen von Ängsten und Aggressionen. Immer geht es darum, Negatives und Verbrauchtes loszuwerden.

Jeder kann bei sich mit dieser Reinigung beginnen und wird gesünder dabei. Wer krank ist und leidet, tut gut daran, sich in einer Einzelpsychotherapie helfen zu lassen. Familienaufstellungen helfen, die eigene Geschichte und die Traumata der eigenen Familie zu verstehen. Persönlichkeitsstärkung durch Selbsterfahrung ist effizienter in der Problem- und Krankheitsprophylaxe als alle organmedizinischen Eingriffe.

Noch besser wirkt die Befreiung durch Rituale in der Gemeinschaft. Dazu muss die Wahrheit ausgesprochen und bekräftigt werden. Unterschiedliche Sichtweisen müssen ausgehalten werden, bis sich ein toleranter Konsens einstellt. Mahnfeiern bei den Denkmälern für die Opfer verbinden die Teilnehmer und geben ihnen Kraft für den Neubeginn.

Dringend nötig ist ein echter Dialog zwischen Männern und Frauen anstatt einer Pseudo-Gleichberechtigung. Beide Seiten müssen sich zuhören und respektieren und die Werte der anderen Seite erkennen und schätzen. Dies wird lange dauern, ermöglicht aber eine Rückkehr zur egalitären Urgesellschaft, in der alle gemeinsam für die Rettung der Erde arbeiten. Für Männer ist es anfangs schwer vorstellbar, auf die alten Privilegien zu verzichten, denn Mann hat es sich damit bequem eingerichtet. Mann bezahlt dieses Privileg mit frustrierten Partnerinnen, die einen früher oder später verlassen. Wenn man zuhört und dazulernt, entdeckt man, dass es viel zu gewinnen gibt. Sich um Säuglinge zu kümmern heilt auch die Emotionen der Väter, öffnet deren Herz. Wenn wir Männer aufhören, aus unbewusstem Schuldgefühl über die Ungerechtigkeit der Vergangenheit unsere Partnerinnen zu fürchten, sondern sie als kompetente Trainingspartnerinnen begreifen, erkennen wir schnell, wie sich unsere emotionalen Fähigkeiten erweitern. Mit etwas Übung gewinnen wir ein völlig neues Leben aus Freude, Liebe, Lob und Genuss. Über unsere Partnerinnen heilen unsere Mutterwunden, die das Patriarchat geschlagen hat.

Was für alle Männer gilt, gilt erst recht für fehlende Priester. Nur durch einen aufrichtigen Dialog zwischen katholischen Priestern und ihren Opfern könnten die spirituellen Verletzungen in Mitteleuropa heilen. Bis heute steht dieser aus, weil die Kirche sich selbst für sakrosankt erklärt.

Die Naturvölker sind weiser als wir

Naturvölker, die noch nicht vom Segen großer Weltreligionen verdorben worden sind, wissen noch, was wir Zivilisationsmenschen verzweifelt suchen:

Der Mensch hat eine Seele. Alle anderen Lebewesen auch. Die Seele jedes Menschen ist mit allen anderen Seelen verbunden. Die Welt ist ein unendlicher Raum, in der alle Seelen miteinander sprechen. Auf alles, was wir aussenden, kommt eine Antwort, aus allen Richtungen.

Wenn wir Menschen lieben, unterstützen uns deren Seelen. Wenn wir Tiere lieben, unterstützen uns deren Seelen. Wenn wir Pflanzen lieben, unterstützen uns deren Seelen. Wenn wir die Erde lieben, schenkt sie uns alles, was wir brauchen. Wenn wir das Leben lieben, schickt es uns alle Erfahrungen, die unsere Seele gerade braucht.

Die Zivilisation hat dieses Wissen verloren und der moderne Mensch respektiert gar nichts mehr. Wir fühlen uns mächtig, weil wir alles zerstören können. Dabei kann das schon jedes einjährige Kind – umstoßen, kaputt machen, zerreißen.

Zerstören ist die niedrigste Seelenebene – beim Essen zerstören wir etwas, um es in neue Energie zu verwandeln. Das können Bakterien und Pilze seit Milliarden von Jahren. Das gehört zum Leben dazu, ist aber erst der Anfang von allem anderen, was die Evolution in 4 Milliarden Jahren entwickelt hat.

Vom Menschen dürfen wir fordern, dass er ein bisschen mehr drauf hat als alles aufzufressen.

Der Geist weht

Unsere europäische Spiritualität braucht einen Neustart, so wie er zuletzt vor 2.000 Jahren durch das Urchristentum gesetzt wurde. 300 Jahre lang durfte sich der Geist der Menschen in viele Richtungen entfalten, getragen von der jesuanischen Wende und ihrem kreativen Geist. Ab 313 nZ war damit Schluss. An den Folgen der katholischen Machtkollaboration leiden wir bis heute.

Was wären die Grundlagen einer neuen Spiritualität, die den Herausforderungen der Gegenwart entspricht? Sie könnten z.B. so aussehen:

Wir dürfen Mutter Erde vertrauen, denn sie ist größer als wir. Sie wird uns alle überdauern. Wir können noch lange auf ihr leben, wenn wir die Regeln der Natur respektieren. Dazu müssen wir uns von allen überholten Vorstellungen lösen, was unsere Welt und unsere Zukunft betrifft. Alte Dogmen und alte Theorien führen uns nur in die Irre, denn alle Theorien haben eine Zeitspanne, dann sind sie überholt.

Unser Universum besteht aus Information und Energie, diese sind die geistige und die materielle Seite derselben Medaille. Jedes Quantenteilchen, jede Monade, jede Seele ist ein Informationsträger und ein Energiekörper.

Ich bevorzuge den Begriff Seele, denn der wurde in 3.000 Jahren Philosophie am umfassendsten ausgearbeitet. Das seelisch-geistige Universum ist ganz einfach erklärt:

1. Jedes Wesen im Universum (Mensch-Tier-Pflanze-Stein-Planet-Stern-Quantenteilchen) ist ein gleichberechtigter Baustein des Universums (eine Monade im Sinne von Leibnitz)

2. Die Raumzeit ist der Kommunikationsraum aller bestehenden Monaden

3. Die Monaden kommunizieren auf allen erdenklichen Wegen miteinander (Licht-, Radiowellen, Gravitation, Geruchsmoleküle, akustische Sprache, optische Bilder, geistige Themenzusammenhänge)

4. Je mehr Kommunikation eine Monade aufnehmen kann, desto mehr Wirkung hat sie und desto komplexer organisiert sie sich selbst

5. Ab einer gewissen Wahrnehmungs-Komplexität wird die Monade zur Seele. Seelen sind durch mehrfache Kommunikationskanäle in Raum und Zeit gekennzeichnet.

   Ein Quantenteilchen hat einen Informationsgrad von Spin, Welle und Teilchen. In dieser Dreiteilung wird Information gespeichert und weitergegeben.

Ein Molekül hat die Informationsgrade von fest, flüssig, gasförmig, physikalischer Wirkung auf die Umwelt, chemischer Reaktionsbereitschaft, Komprimiertheit, etc.

Ein Lebewesen hat viele Wahrnehmungswege, die genetische Information seiner Entwicklung und die hochkomplexe interne Kommunikation seiner Einzelzellen.

6. Die Biosphäre ist gekennzeichnet durch einen unendlich komplexen Informationsaustausch all ihrer Monaden. Je mehr Information dabei berücksichtigt wird, desto ausgeglichener funktioniert ein Bio-System.

7. Die Anthroposphäre der Menschheit kann nur überleben, wenn sie sich der Summe aller Bio-Informationen öffnet und auf alle Einflüsse biokompatible Lösungen findet. Je mehr organische Lösungen gefunden werden, desto ausgeglichener wird das Biosystem Erde.

8. Die jetzige Kindergeneration müssen wir zu Bio-Nautikern heranwachsen lassen. Wir müssen unsere Kinder so fördern, dass sie all ihre Sinne maximal entwickeln und möglichst viele kreative Lösungen auf die Fragen von morgen finden können. Wissens-Müll und ausgetretene Pfade sind dabei nur Hindernisse, kreative Querdenkerei wird die Welt retten.

Wie würde die Welt ohne Katholizismus aussehen?

Kirchenkritiker wie Bergmeier (2018) stellten sich immer wieder die Frage, wie die Glaubensgeschichte ohne die Machtübernahme der katholischen Bischöfe verlaufen wäre. Wäre unsere Welt vielfältiger, pluralistischer, demokratischer? Immerhin gibt es heute 10.000 Religionen, die um jeden Gläubigen ringen und 34.000 christliche Abspaltungen. Heute behaupten alle, die einzige seelische Wahrheit zu besitzen und den einzigen Weg aus der Verdammnis zu kennen, die alle anderen erfassen wird, da sie ja allesamt Heiden sind – wären die Religionen heute toleranter, wenn sie nicht durch den Machtanspruch der Bischöfe radikalisiert worden wären?

Könnte man heute über die zahlreichen Absurditäten der Religionen reden, sie vielleicht weniger ernst nehmen, ja sogar über Bord werfen? Wäre es möglich, einen Priester kritisch zu hinterfragen und in einer offenen Diskussion redliche Antworten ohne Ableiern von Dogmen zu hören? Könnte man unterscheiden zwischen begründbaren Glaubenssätzen, lokalen Traditionen und unwichtigen Absurditäten, die für den Glauben nicht weiter wichtig sind?

Wären die Europäer noch echte Christen, vereint durch den Glauben an die echten Worte Jesu? Würde es keine Höllenfurcht geben, die erst Augustinus von Hippo nach 400 Jahren eingeführt hat, kein Fegefeuer, das erst nach 1.000 Jahren dazukam, keinen Limbus und keinen strengen Katechismus? Wäre die Frage, ob der Leib Christi göttlich oder menschlich ist, für das Seelenheil irrelevant und niemand würde sich deswegen niedermetzeln oder andere deswegen zu Ketzern erklären? Wären die Christen so friedlich, wie Jesus es wollte und hätten sie nicht 100.000 Bilderverächter getötet, die nicht vor Heiligenstatuen beten wollten? Wären alle Christen frei, ihre eigenen Entscheidungen über ihren Glauben zu treffen, ihren Glauben zu reflektieren und zu begründen? Dürfte man zum Beispiel folgendes glauben, ohne geächtet zu werden:

Ich glaube an ein göttliches Universum, das an jedem Ort und in jedem Quantenteilchen wirkt. An die von Augustinus erfundene Hölle samt Erbsünde kann ich nicht glauben, dafür an die Reinkarnation und die Höherentwicklung der Seele in vielen Leben, an die Barmherzigkeit Gottes und daran, dass alles gut wird und alles sinnvoll ist, was geschieht.

In meiner Spiritualität höre ich auf mein Herz und meine direkte Erfahrung, die mich spüren lässt, was wichtig ist. Ich weigere mich, etwas zu glauben, was ich nicht erfahren habe oder nicht logisch verstehen kann. Ich versuche den mystischen Weg der Gottesschau, auch wenn ich Gott noch nie gesehen, wohl aber erfahren habe.

Ich glaube vor allem daran, dass die Erfahrung jedes Menschen einzigartig ist und nur jeder selbst spüren kann, was ihm dabei wichtig ist. Deshalb mache ich einen großen Bogen um alle, die behaupten, die einzig richtige Wahrheit zu kennen und damit andere für ihre Unwahrheit verdammen zu dürfen (Weswegen Kirchenvater Augustinus für mich als Vorbild ebenso ausscheidet wie Martin Luther, der den Ablasshandel verdammte,, Juden- u Bauernverfolgung aber lobenswert fand).

Für all diese Meinungen und alles was ich in diesem Buch geschrieben habe, hätte man mich noch vor 200 Jahren in peinlicher Befragung gefoltert und auf dem Scheiterhaufen verbrannt.

Ich stelle mir vor, wie schön eine spirituelle Welt wäre, in der es seit 2.000 Jahren die von Jesus geforderte Freiheit des Geistes und der Liebe gegeben hätte und denke, dass dies auch stattgefunden hätte, wäre die Kirche nicht der Versuchung der Machtausübung verfallen.

Es ist Zeit, die Macht der Kirche zu beenden und sie zur Verantwortung zu ziehen für alles, was sie angerichtet hat. Das Blutgeld muss zurückgegeben werden, die Würde der Frauen wiederhergestellt, die finsteren Höllenbilder sind aufzulösen und die Missbrauchstäter ins Gefängnis zu sperren. Schluss mit den Sonderrechten mächtiger Kirchenfürsten!

Macht braucht Kontrolle und
die kann nur
vom Volk,
von uns allen ausgehen.

P.S. des Verlegers:

Was würde sich wirklich ändern, wenn Pfarren demokratische Vereine wären, wenn freiwillig alle oberösterreichischen Pfarren beitagen zur Sanierung des Linzer Domes, alle österreichischen Pfarren beitragen für den Wiener Dom?

Die vielen Sozialvereine arbeiten weiter wie bisher, wenn Bischof, Kardinal und Rom, also der Kopf der absolutistischen Struktur, wegfällt, müsste doch mehr Geld für diese Vereine bleiben?

Die Stifte und Klöster gehen in alleinige Eigenverwaltung. Einzig die Monopolgesetze unserer Demokratien überwachen, dass keine Oligarchien, also marktbeherrschende Stellungen entstehen.

Der Besitz der Diozösen wird auf die Pfarren aufgeteilt, demokratisch, reden ist das wichtigste und der Vatikan wird wieder Teil Italiens.

Und ja, Frauen sind absolut gleichwertig – was sonst?

P.S. des Autors:

Aus der Fülle der Zuschriften kommen immer mehr Fakten zutage:

Bis 1806 waren große Teile Deutschlands im Besitz der Kirche. Nicht nur in religiöser Hinsicht, viele Fürstentümer wurden von Fürsterzbischöfen regiert und finanziell ausgebeutet. Die Bischöfe von Köln, Münster, Mainz, Trier, Salzburg, Brixen, Passau u.s.w. beuteten das Land mit hohen Steuern aus und wurden damit reich. Das Rheinland, Westfalen, Salzburg, Südtirol u.v.m. wurden kirchlich regiert. Erst Napoleon beendete die weltliche Kirchenherrschaft in Deutschland und wurde anfangs als Befreier begrüßt, obwohl er Franzose war. Die vielen Schätze und Besitztümer verblieben aber im Besitz der Kirche, die weiterhin mit Gold und Edelsteinen protzte. Ein berühmtes Beispiel dafür sind die drei goldenen Särge der Hl Drei Könige im Dom von Köln. Heute noch erhalten die Kirchen Entgeldleistungen für den Verlust ihrer weltlichen Gebiete von 1806.

Literaturverzeichnis

Armbruster, K: Das Muttertabu oder der Beginn von Religion. Editioncourage 2010

Armbruster, K: Gott, die MUTTER: Eine Streitschrift wider den patriarchalen Monotheismus. BoD 2013

Bergmeier, R: Machtkampf. Die Geburt der Staatskirche. Vom Sieg des Katholizismus und den Folgen für Europa. Alibri 2018

Bowersock, G: Die Wiege des Islam. C.H.Beck 2019

Chotjewiez, P: Der Fall Hypatia. EVA 2002

Deschner, K: Kriminalgeschichte des Christentums. Bd 1-10. Rowohlt 1989

Erikson, E. H.: Kindheit und Gesellschaft, Stuttgart 1974.

Flasch, K: Warum ich kein Christ bin. C.H.Beck 2015

Fried, J: Kein Tod auf Golgatha. C.H.Beck 2019

Gielen, M: Zu Nazareth geboren? In: Salzburger Nachrichten 19.1.19, Wochenendbeilage S 11

Gimbutas, M: Göttinnen und Götter im Alten Europa. Arun Vlg 2010

Goldhagen, D: Hitlers willige Vollstrecker. Siedler 1997

Hariri, Y: Eine kurze Geschichte der Menschheit. Pantheon 2015

Heather, P: Die Wiedergeburt Roms: Päpste, Herrscher und die Welt des Mittelalters. Clett-Cotta 2014

Heather, P: Die letzte Blüte Roms. WBG Theiss 2019

Heer, F.: Gottes erste Liebe: 2000 Jahre Judentum und Christentum. Genesis des österreichischen Katholiken Adolf Hitler. München 1967.

Kessler, C: Wilder Geist, Wildes Herz. Kamphausen 2016

Klarsicht-Blog: Der Mithras-Kult und das Christentum. Klarsicht 2013/12. https://religionskritik4.blogspot.com/2013/12/der-mithraskult-und-das-christentum-die.html?m=1&fbclid=IwAR2e2GhwK5xGwv-4xkC-3X_xNQSFk4CFIzCZiFLClHOGsi3HCJBy8tzTnVU

Liedloff, J: Auf der Suche nach dem verlorenen Glück. C.H.Beck 2017

Leppin, H: Die frühen Christen. C.H.Beck 2018

Lovelock, J: Gaia, die Erde ist ein Lebewesen. Fischer 1992

Mann, C. e.a.: Amerika vor Kolumbus: Die Geschichte eines unentdeckten Kontinents. Rowohlt 2016

Martel, F: Sodom. Fischer 2019

Maslow, A: Die Psychologie des Seins. Kindler 1973

Meulemann, H: Ohne Kirche leben. Springer 2018

Miller, A.: Du sollst nicht merken. Frankfurt/Main 1980.

Naimark, N: Genozid. Theiss 2018

Nixey, C: Heiliger Zorn. DVA 2019.

Opelt, R: Die Kinder des Tantalus. Czernin 2002.

Opelt, R: Familienmuster. Czernin 2008.

Opelt, R: Im Schatten des Kriegers. Winkler Verlag 2010

Opelt, R: Tantalus´Welt. CreateSpace 2016

Opelt, R: Die Unterdrückung der Frauen. Ind. Publishing 2019a

Opelt, R: Das Ende des Patriarchats. Die globale Gesellschaft der Frauen. IP 2019b

Opelt, R: Protest der Jungen – Zukunft in Gefahr. IP 2019c

Opelt, R: Ganzheitsdenken – Die Weisheit der Alten. IP 2019d

Opelt, R: Gesellschaft im Gleichgewicht. IP 2019e

Pinker, S: Aufklärung jetzt. Fischer 2018

Quensel, S: Hexen, Satan, Inquisition. Springer 2017

Ringel, E. e.a.: Religionsverlust durch religiöse Erziehung. Herder 1993

Rinke, S: Conquistadoren und Azteken. C.H.Beck 2019

Rublack, U: Der Astronom und die Hexe. Klett-Cotta 2018

Schäfer, C: Die Botschaft der weisen Alten. Ullstein 2007

Scott, J: Die Mühlen der Zivilisation. Suhrkamp 2019

Seppelt, F. u Löffler, K: Geschichte der Päpste. Von den Anfängen bis zur Gegenwart. Kösel/Pustet 1933

Toynbee, A: Der Gang der Weltgeschichte. 4 Bände. Dtv 1970

Uhlmann, G: Archäologie und Macht. BoD 2012

Uhlmann, G: Der Gott im 9. Monat: Vom Ende der mütterlichen Gebärfähigkeit und dem Aufstieg der männlichen Gebärmacht in den Religionen der Welt Bok 2015

Volkan, V: Killing in the Name of Identity: A Study of Bloody Conflicts. Pitchstone Publishing 2006

van Kampenhout, D: Die Tränen der Ahnen: Opfer und Täter in der kollektiven Seele. Carl Auer VLG 2010

Von Werlhof, C: Die Verkehrung. Promedia 2011

Weixlbaumer, E: Wer´s glaubt. Goldegg 2017

Wolf, D: Das wunderbare Vermächtnis der Steinzeit. BoD 2017

Wolf, D: Es reicht. 5000 Jahre Patriarchat sind genug. DEWE 2019

Wunn, I: Götter-Gene-Genesis. Springer 2014

Wunn, I: Barbaren, Geister, Gotteskrieger. Springer 2017

Tantalus' Welt:

Warum gibt es Kriege? Gehört Gewalt zum Wesen des Menschen? Lässt sich seelisches Leid auf Krieg und Gewalt zurückführen? Die Erfahrung extremer Gewalt prägt das Nationalbewusstsein. Gleich ob Siege oder Niederlagen, die stärksten kriegerischen Ereignisse ihrer Vergangenheit erklären, wie eine Nation beschaffen ist – optimistisch oder pessimistisch, defensiv oder offensiv. Für immer neue Anläufe zur Macht ist Krieg das probate Mittel. Die brutalsten Krieger sind die Helden jeder Nationalgeschichte.

Langsam dämmert uns, dass wir auf einem zu eng gewordenen Planeten uns Kriege nicht mehr leisten können. Doch immer noch hinterlassen Granaten und Gewehre üblen Nachhall in den Seelen der Menschen. Die Verleugnung des Schadens durch Männer, die Kriege wollen und nutzen, verankert Gewalt in den Seelen und führt zum tödlichen Kreislauf, der sich Generation für Generation wiederholt. Nationale Katastrophen wie der erste Weltkrieg, die russische Revolution oder der chinesische Bürgerkrieg traumatisieren ganze Nationen und schädigen ihre Strukturen. Dann liegen nationale Traumata vor, die nur in langen Friedenszeiten verarbeitet werden können. Wenn also die Welt nicht in Krieg und Zerstörung untergehen soll, dann müssen wir die nationalen Traumata überwinden und den Kreislauf der Gewalt durch gute globale Strukturen ersetzen. Von solchen Lösungen handelt dieses Buch. Wir alle haben es in der Hand, ob die Apokalypse oder eine lebenswerte Welt unsere Zukunft sein wird.

The Children of Tantalus:

Why do wars exist? Is violence part of a human's being? Can mental pain be traced back to war and violence? Experiencing extreme violence shapes national consciousness. Victory and defeat; a nation's most significant warlike incidents of the past can explain its character – optimistic or pessimistic, defensive or offensive. War is an effective means of obtaining power. The most brutal warriors are branded heroes in national histories. We slowly begin to understand that we cannot afford wars on our cramped planet anymore. Still, grenades and rifles are resonating in peoples' souls. Bellicose men deny the damages and are thus anchoring violence in our spirits. This is a vicious cycle repeating for generations. National catastrophes, like World War I, the Russian revolution, or the Chinese civil war, traumatize entire nations and damage their structures. The developing national traumas can only be processed during long periods of peace.

To prevent the world from falling to war and destruction, we have to overcome national traumas and replace the cycle of violence with productive global structures. Such solutions are presented in this book. The choice of a world worth living in is in our hands.

Das Glück der Kinder:

Wer möchte nicht in einer glücklichen Familie leben? Viele betrachten die Familie als das Wichtigste im Leben. Von ihr wird erwartet, dass sie geprägt ist von liebevollem Umgang miteinander. Den heranwachsenden Kindern soll die Familie Schutz, Geborgenheit und Sicherheit bieten.

Doch die Familie ist nicht ohne weiteres eine heile Welt. Das Miteinander muss gepflegt und Konflikte müssen gelöst werden. Die Erziehung der Kinder braucht Zeit, starke Nerven und Geduld. Um diesen Anforderungen gerecht zu werden, muss man wissen, worauf man achten soll und was glückliche Beziehungen in den Familien fördert.

Im Schatten des Kriegers:

Günter Kahowez wächst mit dem Bewusstsein auf, dass sein Vater als Held in Russland gefallen ist. Alles, was ihm vom Vater blieb, ist dessen Geige.

Günter eifert dem Ideal des Vaters nach, wird Komponist und Professor an der Musikhochschule in Wien.

Mit 52 Jahren entdeckt er das vergessene Tagebuch, das sein Vater auf dem Feldzug in Polen und Russland schrieb. Plötzlich sieht er die Bilder, die sein Vater dort fotografierte, mit anderen Augen. Danach ist nichts mehr, wie es war.

Täter und Opfer, zwei Seiten der selben quantenphysikalischen Münze, eine Familienaufstellung in Buchform.

Das Ende des Patriarchats

Mächtige Männer haben die Natur zerstört und hören damit nicht auf. Sie holzen die Dschungel ab, vernichten die alten Völker, das Klima, die Fische, das Meer. Wir Männer sind nicht Manns genug, sie zu stoppen. Wir haben es mit Revolutionen und Kämpfen versucht, aber das nutzte nichts. Kämpfe spielten den Militärs in die Hände, sie zeigten uns, wo der Hammer hängt und wie man Protest mit Gewalt pervertiert. Das Patriarchat und die von ihr abhängige Wissenschaft reduzieren die Welt auf Macht und Geld und richten die Erde zugrunde. Es ist kein Zufall, dass überall alles vernichtet wird, sobald sich der sogenannte „Fortschritt" breitmacht. Bis wir aus unserer patriarchalen Gehirnwäsche erwacht sind, sollten wir auf die Frauen hören. Die sind der Erde und dem Leben von jeher näher als wir Männer. Sie wissen, wie man Kinder liebt und das Leben nährt. Sie wurden verfolgt und verachtet, weil sie schon immer das Ganze sehen und spüren, was Sinn macht und was nicht. Mit der Weisheit der Frauen kommen Natur, Liebe, Schönheit und Frieden zurück und kommt alles ins Lot. Bis zum Ende dieses Jahrhunderts wird eine friedliche, egalitäre und ökologische Gesellschaft entstehen, in der Menschen, Tiere und Natur wieder eine Überlebenschance haben.

Ganzheitsdenken:

Seit es Menschen gibt, sind die überlebenden Alten Vorbilder und Hüter der Tradition. Sie erkennen Zusammenhänge, die den Jungen noch fremd sind. Wenn bald in vielen Ländern die Alten die Mehrheit stellen, dann zeigt dies eines: Die Menschheit braucht mehr Denken in Zusammenhängen, um die immer komplexere Welt zu verstehen. Die Wissenschaften haben so viel Detailwissen produziert, dass wir den Überblick verloren haben. Mit diesem gespaltenen Denken richten wir die Welt zugrunde. Die Altvorderen aller Kulturen waren nicht so altmodisch, wie sie von der Moderne hingestellt werden. Weisheitslehrer dachten ganzheitlich und hatten Antworten, die wir heute wieder hören sollten. Um die Welt zu retten, brauchen wir eine Fusion von Ganzheits- und Detailwissen, von Vergangenheit und Zukunft, von Herausforderung und Lösung.

Die Legionen des Varus:

Das römische Reich schlug viele erfolgreiche Schlachten. Auf der Höhe des Ruhms erlitt es ein Fiasko, das den Mythos der deutschen Nation begründen half. Die Legionen des Varus bestimmten das Schicksal Europas. Dieses Buch besteht aus zwei Teilen.

Teil 1 entspricht der Fantasie des Autors und beschreibt
den fiktiven Sieg des Varus. Welcher das Schicksal
Europas gänzlich anders hätte bestimmen können.

Teil 2 entspricht dem in den Annalen beschriebenen
Verlauf der Ereignisse nach Varus tatsächlicher Niederlage.

Die Macht der schwarzen Magier:

Derzeit schwirren die Verschwörungstheorien nur so durch die sozialen Medien und ebenso heftig werden sie von den offiziellen Stellen dementiert. Wie kann man sich 9/11, den Irak-Krieg, den Brexit, die Wahl Trumps, den Sturz der österreichischen Regierung anders erklären als dass da etwas nicht mit rechten Dingen zugeht? Gibt es den „Deep State", der im Hintergrund die Strippen zieht und die Politiker wie Marionetten manipuliert, um seine Geld- und Machtinteressen durchzusetzen? Viele meinen ja, denn was in der Zeitung steht, ist schon lange nicht mehr plausibel.

Dieses Buch zeigt, wie der Deep State seit 100 Jahren agiert, Diktatoren nach Belieben einsetzt und stürzt, einen Obdachlosen zum Herrscher Europas und einen Anarchisten zum Diktator Russlands macht, Attentate organisiert, die die Welt in Flammen setzen und die Hände der Herrscher zum roten Atomknopf dirigieren, bis alles explodiert – bis unerwartet eine andere Macht den finsteren Plan vereitelt und uns allen das Leben rettet.

Das Schlimme daran – dieser Roman ist nur scheinbar Fantasy, er erzählt die tatsächliche Geschichte der letzten 100 Jahre, wir haben sie alle erlebt und überlebt, nur wer die Magier sind, bleibt der Fantasie überlassen, denn es kennt sie ja niemand, sie tarnen sich gut und werden nie erwischt – auch das ist die Realität unserer Zeit, die unser Leben so gefährlich macht. Wenn Sie schwache Nerven haben, lassen Sie besser die Hände von diesem Buch, denn Sie werden nie wieder Nachrichtensendungen schauen, ohne Schweißausbrüche zu bekommen…

Vier Wochen für Franz Ferdinand

1917 war Deutschland dabei, den 1.Weltkrieg zu gewinnen, aber das wollten die USA um jeden Preis verhindern, traten in den Krieg ein, als dieser schon entschieden war. Denn sonst wäre Amerika nicht zur größten Supermacht der Welt aufgestiegen. Der vor Eintritt der USA absehbare Sieg der Deutschen hätte schon 1918 zu einer kontinentaleuropäischen Zollunion unter deutscher Führung geführt. Also zu dem, was wir heute unter Angela Merkel haben. Der ganze Wahnsinn der 100 Jahre dazwischen war unnötig und hat die Menschheit und den Planeten an den Rand des Untergangs geführt. Deutschland hätte 1918 Europa geeint und Hitler und Stalin wären nie an die Macht gekommen. 100 verlorene Jahre, die uns heute zittern lassen, ob wir die Erde noch retten können. Denn entgegen ihrer Propaganda haben die USA der Welt nicht die Demokratie gebracht, sondern Kapitalismus, Oligarchie und Umweltzerstörung. Wegwerfgesellschaft und Ölindustrie haben den Treibhauseffekt erzeugt und den Nahen Osten destabilisiert. All das wäre unter den vor 100 Jahren technologisch führenden Deutschen nicht passiert, denn deutsche Wissenschaftler erfanden so vieles, dass Öl- und Atomindustrie wohl nicht die umfassende umweltzerstörende Bedeutung erhalten hätten, wenn Deutschland sich in Ruhe hätte entwickeln können.

Wie dieses Buch zeigt, hätte es nur einer Kleinigkeit bedurft, um den Lauf des 20. Jhdt. zu ändern: Wenn der österreichische Thronfolger Franz Ferdinand vier Wochen später erschossen worden wäre, hätte er seinen unfähigen Generalstabschef entlassen und damit die russische Front früher stabilisiert. Dann wäre der Krieg 1917 längst aus gewesen und das 20. Jhdt. hätte einen friedlicheren und umweltfreundlicheren Verlauf genommen.
Lassen Sie sich überraschen von den historischen Wendungen, die möglich gewesen wären, wenn die Siegermächte England und USA das 20. Jhdt. nicht derart vermasselt hätten, dass unser Planet heute am Rande des Abgrunds steht.

Dalmatien- wie ich Anker warf und ein Haus sanierte: Eine Liebeserklärung in mehreren Ebenen.

Bootfahren in der östlichen Adria. Über eineinhalb Jahre war der Autor als Skipper vornehmlich in Dalmatien unterwegs. Dann Hauskauf und Sanierung eines alten Steinhauses auf einer mittelkroatischen Insel (Dugi Otok). Kurzweilig geschrieben, viele Anektoten, mit vielen Fotos. Eine Hommage an die kroatische Inselwelt, ob mit dem Schiff befahren oder durch die Erfahrungen des Haussanierens.

Eine wichtige Lektüre für jeden, der sich mit dem Gedanken ein Haus in Kroatien zu kaufen, spielt. Auch ein Versuch der Beschreibung der „kroatischen Seele“.

Familienmuster

Dieses Buch entführt uns in die Welt des Familienstellens. Warum kommen wir in bestimmten Lebensbereichen nicht weiter? Die böse Mutter, der harte Vater, die missglückte Liebe, die verlorene Kindheit, warum mussten wir darunter leiden?

Auf diese Fragen geben die Familienmuster Antwort: die Erlebnisse der Eltern und Ahnen, die sich zu Schemen und Abläufen verdichtet haben, durch die wir erzogen und geprägt worden sind. Um Experte für die eigene Persönlichkeit zu werden, muss man seine Lebensgeschichte in ihre Einzelteile zerlegen und neu zusammensetzen. Wer seine Seele gut kennt, kann Teile davon verändern und neue Lösungen entdecken.

Die Unterdrückung der Frauen

Seit 6000 Jahren sitzt die Menschheit einem Irrglauben auf, der die Menschen unglücklich macht und die Natur zerstört. Dieser falsche Glaube predigt Macht und Gewalt und diffamiert Liebe und Kooperation. Wenige mächtige Männer profitieren davon und raffen alle Ressourcen der Erde zusammen, um damit sinnlos zu protzen. Die Mächtigen und Reichen verteidigen ihre Macht mit allen Mitteln, indem sie ihre Generäle, Manager und bezahlten Wissenschaftler an alle wichtigen Schaltstellen setzen und mit unverständlichen Theorien die Massen in die Irre führen. Wer immer sich gegen die Machtstrukturen auflehnt, wird mundtot gemacht, in die Armut gestoßen oder mit Krieg überzogen. Dem Egoismus weniger werden alle anderen geopfert: Die Frauen, die Kinder, die Tiere, die Naturvölker, die Wälder, die Meere, die Ökosysteme, das Klima und bald der ganze Planet. Nur die Weisheit der Frauen kann uns retten, uns zurück zu Harmonie und zum Frieden mit Tieren und Pflanzen führen. Weil die Mütter der Urzeit für eine friedliche Gesellschaft sorgten, werden Mütter und Frauen bis heute unterdrückt und verachtet.Wehe den Mächtigen, wenn die Frauen sich nicht mehr klein halten lassen!

Oppression of women

In the last 40 years the author has discovered that mental disorders can be traced back to the second world war and similar violent traumas worldwide and in all eras of time. Genocide has been the foundation of power for the patriarchal warrior caste since the Indo-Europeans first developed superior military technology by domesticating the horse 6000 years ago. Past genocides perpetrated by the militant patriarchy lead to confusion, suffering, anguish and anger. Inclusion of women is the essential step towards a happier world.In the last 40 years the author has discovered that mental disorders can be traced back to the second world war and similar violent traumas worldwide and in all eras of time.

Genocide has been the foundation of power for the patriarchal warrior caste since the Indo-Europeans first developed superior military technology by domesticating the horse 6000 years ago. Past genocides perpetrated by the militant patriarchy lead to confusion, suffering, anguish and anger. Inclusion of women is the essential step towards a happier world.

Protest der Jungen:

Die Älteren hinterlassen ihren Kindern und Kindeskindern ein schweres Erbe, in Sachen Rente, Staatsverschuldung, Ökologie, Bildung, Wohnen und Arbeitsmarkt. Die Gerontokraten blieben blind und taub. Die Jungen braucht man nicht ernst zu nehmen, die haben ja nicht einmal ein Wahlrecht und sollen sich gefälligst erst mal ihre Sporen verdienen. Nun ist der Aufstand da. Greta Thunberg und die demonstrierenden Schüler treiben die säumige Politik vor sich her. Zu schnell verändert sich die Welt, zu bedrohlich sind die Gefahren, zu begrenzt die verbleibenden Ressourcen der gequälten Natur. Die Jungen spüren, dass man ihnen seit ihrer Geburt einen Bären nach dem anderen aufbindet – von wegen, sie würden es einmal besser haben als ihre Eltern. , Weil Wohnungen zu Investments verkommen und unbezahlbar geworden sind, müssen sie weiter bei den Eltern wohnen oder bei Freunden unterkommen. Keine Chance, sich ein Startkapital zu ersparen, seit Nullzinsen alle schleichend enteignen und das Studium nur mit hoher Verschuldung zu schaffen ist.Die Natur zerbröselt vor ihren Augen, Insekten, Biotope, heile Landschaft, gesundes Klima – alles wird es nicht mehr geben, wenn sie einmal die Verantwortung tragen werden. Sie dürfen hohe Pensionszahlungen leisten, werden aber nie eine Pension erhalten oder erst, wenn sie Methusalems sind. Ein Korruptionsskandal jagt den nächsten, die Mächtigen bereichern sich hemmungslos und dass für die Jungen nichts mehr übrigbleibt, wen kümmert das?

Sie haben die Nase voll und zeigen das auch. Sie werden nicht aufhören zu demonstrieren, bis man sie ernst nimmt. Und das ist gut so. Denn ihnen gehört die Zukunft. Sie haben begonnen, sich um die Zukunft zu kümmern, damit sie noch eine haben. Die begüterten Alten, die ihre wohlerworbenen Rechte auf Kreuzfahrtschiffen und Fernreisen verprassen, mögen sich noch in Sicherheit wiegen, weil sie längst die Mehrheit der Bevölkerung sind.. Aber sie sollten sich die Frage stellen, ob das alles noch vertretbar und gerecht ist. Kann sein, dass die Jungen das böse Spiel bald nicht mehr mitspielen, sich neue Wege in die Zukunft suchen und auf Pensionszahlungen und Hochbesteuerung pfeifen.

Protest of the youth:

The old generation leaves a mess to the young, whose future seems lost. House prizes exploud, so do deficits and destruction of nature.
Greta Thunberg und the member of Fridays for future press for change. When they will be in power, climate and diversity may collapse and social security as well. They have started do deal with the future so not to lose all chances.

Dr. Rüdiger Opelt,

geboren 1953 in Linz,

Autor, Psychologe, Psychotherapeut, Seminarleiter, Vortragender.

Der Autor erforschte 40 Jahre lang als Psychologe, was Menschen psychosomatisch krank und leidend macht. Er fand die Ursache unserer psychischen Probleme in den Fehlern der Vergangenheit, in Krieg, Gewalt, Leid und Einsamkeit. Diese These hat er in mehreren Büchern veröffentlicht (Die Kinder des Tantalus, Familienmuster, Tantalus´ Welt)

In seinen Büchern entwickelt er einen integrativen Ansatz aus Tiefenpsychologie, humanistischer und systemischer Psychotherapie.

In seinen Partnertherapien verbindet er praktische Übungen mit der Aufdeckung alter Familien- und Partnermuster. Durch seine Art der Partnertherapie können Ehekrisen überwunden und die Partnerbeziehung auf eine neue intensivere Basis gestellt werden. Wenn beide Partner Verantwortung für die Beziehung zeigen, hört das Pech in der Liebe auf.

www.opelt.com r@opelt.com

Rüdiger Opelt lebt in Salzburg, ist seit 33 Jahren verheiratet und hat zwei erwachsene Kinder.

Rüdiger Opelt veröffentlichte bisher 27 Bücher, vier wurden bisher ins Englische übersetzt.

Zum Cover:

Der Musiker und Künstler Ian Steiner hat Anfang 2020 das Cover im Original als Aquarell entworfen. Die gegenständlichen Einflüsse waren:

- **Rad des Dharma**
- **Jeanne d'Arc, auch Jungfrau von Orléans**
- **Menora (siebenarmiger Leuchter)**
- **Yin und Yang**
- **Hijab**
- **KreuzfahrerstaatenScheiterhaufen**
- **FSM**
- **Feuer**
- **Macht und Auslöschung**

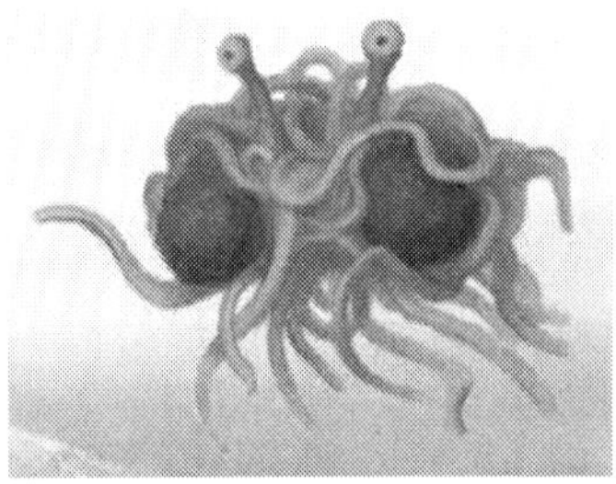

Das Fliegende Spaghetti Monster, FSM aus WIKIPEDIA:

Der Anlass für die Gründung dieser Religion war die öffentliche Diskussion um die Unterrichtung von *Intelligent Design* im Biologieunterricht an US-amerikanischen Schulen. Unter Verweis auf das – gerade auch von den Verfechtern des *Intelligent Designs* verwendete – Argument der Gleichberechtigung und der bisher nicht erfolgten Widerlegung der Argumente des Intelligent Designs forderte Henderson in einem offenen Brief an die Schulbehörde von Kansas, auch seine Glaubenslehre müsse wie die kreationistische im Unterricht vermittelt werden dürfen.

Seitdem gewinnen die Pastafari stetig an Sympathisanten. Die Aktion hat sich zu einem soziokulturellen Phänomen entwickelt. Dutzende Weblogs trugen zur weiteren Verbreitung bei. Ebenfalls Aufsehen erregen die enormen Preisgelder, die auf eine

Widerlegung der Idee ausgelobt werden. Eine bestehende Wette des Kreationisten Kent Hovind, schreibt der Blog Boing Boing:

> “We are willing to pay any individual
> *$ 250.000 if they can produce empirical
> evidence which proves that Jesus is not the
> son of the Flying Spaghetti Monster.”

Das Preisgeld wurde inzwischen auf über eine Million Dollar erhöht. Es geht hier jedoch nur darum, das Prinzip der Unmöglichkeit eines solchen Beweises zu unterstreichen: Es ist keine Glaubenslehre der Pastafari, dass Jesus der Sohn des Fliegenden Spaghettimonsters sei.

Im Buch *Das Evangelium des Fliegenden Spaghettimonsters* werden unter anderem analog zu den Zehn Geboten des Christentums die acht „Mir wär’s wirklich lieber, Du würdest nicht …“ beschrieben, die vom Spaghettimonster gepredigt werden. Die darin erklärten Grundsätze sprechen sich unter anderem gegen Diskriminierung, Vorurteile, religiöse Dogmen, Nötigung und Frauenfeindlichkeit aus.

z.B. lautet das 6.:

Mir wär’s wirklich lieber, du würdest nicht Multimillionendollar-Kirchen, Moscheen, Tempel, Schreine für Meine Nudlige Güte erbauen. Das Geld kann man nun wirklich sinnvoller anlegen. Sucht euch etwas aus:

- Armut zu beenden
- Krankheiten zu heilen
- in Frieden leben, mit Leidenschaft lieben und die Kosten von Kabelfernsehen senken. Mag ja sein, dass ich ein komplexes, allwissendes Kohlenhydratwesen bin, aber ich mag die einfachen Dinge im Leben. Ich muss es wissen, ich bin der Schöpfer.

Printed in Germany
by Amazon Distribution
GmbH, Leipzig

21112807R00102